プレゼンテーション演習 II

オフィスライフとプレゼンテーション

〈監修〉福永　弘之
〈編集〉大窪　久代
　　　　木村三千世　　野坂　純子
　　　　黒田　廣美　　信時　哲郎
　　　　田中　雅子　　水原　道子
　　　　中村芙美子　　村田　恵子
　　　　西尾　宣明

樹村房
JUSONBO

は じ め に

　これからのオフィスワーカーに求められる最も基本的で重要な能力はプレゼンテーション能力である，ということが，最近のILOのレポートや厚生労働省の調査結果などにより，明白になりました。

　全国大学・短期大学実務教育協会においては，プレゼンテーション能力養成の重要性に鑑み，プレゼンテーション教育のカリキュラムを作成し，所定の単位を取得した学生には「プレゼンテーション実務士」の称号を授与しています。

　本書『プレゼンテーション演習Ⅰ』（「キャンパスライフとプレゼンテーション」―基本的なプレゼンテーションとしての口頭表現・身体表現を学ぶ―）・『プレゼンテーション演習Ⅱ』（「オフィスライフとプレゼンテーション」―口頭表現をより効果的に行なうための資料作成・ビジュアル化を学ぶ―）は，このようなプレゼンテーション能力の養成・向上のための教材として，先に上梓された『プレゼンテーション概論及び演習』（福永弘之著・樹村房）をふまえて執筆・編集されたものです。したがって，『プレゼンテーション概論及び演習』と同時並行的に学習しても，あるいは勉強が終了してから学習しても理解できるように構成しています。また，『プレゼンテーション演習Ⅰ』『プレゼンテーション演習Ⅱ』のどこから学習するかは，必要度と関心によって自由に選択できるよう，各執筆者の創意工夫によって柔軟な構成になっています。

　本書が，プレゼンテーション能力を身につけようと志す方々にとって有効なものとなり，プレゼンテーション教育にいささかでも貢献できれば，執筆者一同の喜びとするところであります。

　本書をまとめるにあたり，ご多忙のところ温かなご指導をいただいた監修の姫路工業大学環境人間学部　福永弘之教授，辛抱づよく執筆者に対応しご助言くださった樹村房社長木村繁氏に対し，心からの感謝とお礼を申し上げます。

　平成14年8月吉日

　　　　　　　　　　　　　　　執筆者を代表して　　大窪　久代（演習Ⅱ）
　　　　　　　　　　　　　　　　　　　　　　　　　中村芙美子（演習Ⅰ）

[プレゼンテーション演習Ⅱ]　　　　　　　　　も　く　じ

Ⅰ章　プレゼンテーションのための基礎知識 …………………………………………1

1．プレゼンテーションの定義と種類 …………………………………………………1
(1) プレゼンテーションの定義 ……………………………………………………1
(2) プレゼンテーションの種類 ……………………………………………………1

2．プレゼンテーションの準備の進め方 ………………………………………………3
(1) 準備の注意点 ……………………………………………………………………3
(2) プレゼンテーションを行うときの三要素（3P）……………………………3
(3) プレゼンテーションの評価 ……………………………………………………7

3．ビジュアル・プレゼンテーション …………………………………………………8
(1) よく使われるツールの種類と特徴 ……………………………………………8
(2) ツールの効果的な使い方と注意点 ……………………………………………9

4．プレゼンテーションを成功させる話し方 …………………………………………10
(1) 聞き手をひきつける話し方「5つの基本技術」……………………………10
(2) ボディランゲージ（身体言語）を効果的に用いよう ………………………11
(3) 視線―アイコンタクトを忘れずに ……………………………………………11
(4) プレゼンテーションを成功させる話し方「8つのポイント」……………12

5．プレゼンテーションの評価法 ………………………………………………………14
(1) 話し方のチェックシート ………………………………………………………14
(2) 情報確認シート …………………………………………………………………15
(3) アンケート式シート ……………………………………………………………16
(4) フィードバック …………………………………………………………………17

Ⅱ章　就職試験と社会人入門 ……………………………………………………………18

1．インターンシップ ……………………………………………………………………18
(1) インターンシップの概要 ………………………………………………………18
(2) インターンシップの流れ ………………………………………………………19
(3) インターンシップ制のメリット，デメリット ………………………………19
(4) インターンシップに行く前に注意すること …………………………………20

2．就職試験に向けて ……………………………………………………………………23
(1) 資料を請求する …………………………………………………………………23
(2) 情報を集めてみよう ……………………………………………………………28

　　　　（3）エントリーをしてみよう……………………………………………………29
　　　　（4）自己分析をしてみよう……………………………………………………35
　　　　（5）企業訪問のマナーを考えてみよう…………………………………………36
　　3．就職試験に挑む………………………………………………………………………39
　　　　（1）面接試験の重要性…………………………………………………………39
　　　　（2）面接の種類と注意点………………………………………………………39
　　　　（3）受け答えの基本……………………………………………………………41
　　　　（4）自己PRの答え方…………………………………………………………43
　　　　（5）志望動機の答え方…………………………………………………………45
　　　　（6）面接での評価方法…………………………………………………………46

Ⅲ章　企業の行事とミーティング……………………………………………………49

　　1．ミーティングの意義…………………………………………………………………49
　　　　（1）ミーティングとは…………………………………………………………49
　　　　（2）ミーティングの役割………………………………………………………49
　　　　（3）ミーティングにおけるホウ・レン・ソウを大切にしよう………………49
　　2．良い会議と悪い会議…………………………………………………………………52
　　3．社内会議………………………………………………………………………………54
　　4．QCサークル活動でのプレゼンテーションを考える……………………………55
　　　　（1）QCサークル………………………………………………………………55
　　　　（2）メンバーを集めよう………………………………………………………55
　　　　（3）テーマを選ぼう……………………………………………………………56
　　　　（4）発表しよう…………………………………………………………………56
　　　　（5）QCサークル活動の進め方………………………………………………57
　　　　（6）サークル活動の評価………………………………………………………58
　　5．企業の年間行事………………………………………………………………………59
　　　　（1）入社式………………………………………………………………………60
　　　　（2）新入社員研修………………………………………………………………61
　　　　（3）朝礼…………………………………………………………………………62
　　　　（4）株主総会……………………………………………………………………63
　　　　（5）1分間スピーチ……………………………………………………………64
　　　　（6）異業種交流会，記念パーティー，懇親会…………………………………64
　　　　（7）他社訪問……………………………………………………………………65
　　6．ミーティングスピーチをやってみよう……………………………………………66
　　　　（1）朝礼スピーチ………………………………………………………………66

　　　　(2) スピーチの基本 ……………………………………………………………69
　　　　(3) 1分間スピーチ ……………………………………………………………69
　　7．ミーティングの服装 ………………………………………………………………74

IV章　ディベートとディスカッション …………………………………………………75

　　1．ディベートとディスカッションの違い ………………………………………75
　　　　(1) ディベートとディスカッション …………………………………………75
　　　　(2) ディベートとディスカッションの基本となる要素 ……………………76
　　2．ディベートのルールと進め方を理解しよう …………………………………78
　　　　(1) 基本的な条件とルール ……………………………………………………78
　　　　(2) 立論の構成 …………………………………………………………………81
　　　　(3) 質疑応答・反駁の方法 ……………………………………………………81
　　　　(4) フロー・シート（flow sheet） …………………………………………82
　　3．ディベートの審査と判定 ………………………………………………………82
　　　　(1) 審査の方法 …………………………………………………………………82
　　　　(2) 判定法と判定用紙 …………………………………………………………82
　　4．パネル・ディベートを学ぼう …………………………………………………88
　　　　(1) パネル・ディベートとは …………………………………………………88
　　　　(2) パネル・ディベートの構成と方法 ………………………………………89
　　　　(3) パネル・ディベートの形式 ………………………………………………90

V章　セールストークと顧客満足 ………………………………………………………95

　　1．セールストーク（sales talk）の重要性 ……………………………………95
　　　　(1) セールストークにおけるプレゼンテーション能力の必要性 …………95
　　　　(2) 顧客とセールストーク ……………………………………………………95
　　　　(3) セールストークの準備 ……………………………………………………96
　　　　(4) 成功するセールストークの基本 …………………………………………97
　　　　(5) 顧客の心をとらえる「購買心理過程の8段階」 ………………………98
　　　　(6) 商品を購入できない背景と購入しない理由 ……………………………98
　　2．商品説明[1]　ポスターセッション …………………………………………100
　　3．商品説明[2]　パソコン（パワーポイント）を用いて ……………………103
　　　　(1) パワーポイントを利用したセールストーク ……………………………103
　　　　(2) セールストークの流れ ……………………………………………………103
　　4．クレーム対応 ……………………………………………………………………109
　　　　(1) クレームとは ………………………………………………………………109

（2）クレームに対する基本姿勢 …………………………………………109

VI章　ケース・スタディ（「演習Ⅰ」を含めて）………………………………112

　1．地図を説明してみよう ……………………………………………………112
　　　（1）道順の説明はプレゼンテーションの原点 ……………………………112
　　　（2）Ｓさんの家までの道順の説明 ………………………………………112
　　　（3）地図説明のポイント …………………………………………………113
　2．卒論の発表 …………………………………………………………………116
　　　（1）卒論発表に備えて ……………………………………………………116
　　　（2）構想メモを作る ………………………………………………………116
　　　（3）切り詰めるテクニック ………………………………………………117
　　　（4）原稿を書く ……………………………………………………………118
　　　（5）質疑応答 ………………………………………………………………119
　3．企画立案をしてみよう ……………………………………………………120
　　　（1）企画とは ………………………………………………………………120
　　　（2）企画立案の流れ ………………………………………………………120
　　　（3）オリエンテーション・シート ………………………………………123
　　　（4）企画会議 ………………………………………………………………123
　　　（5）企画書の作成 …………………………………………………………123
　4．会社紹介をやってみよう …………………………………………………129
　　　（1）ビデオを活用しよう …………………………………………………129
　　　（2）会社を紹介するシナリオを書いてみよう …………………………131
　　　（3）資料情報を活用しよう ………………………………………………132
　　　（4）IR（Investor　Relations）……………………………………………137

　参考文献 …………………………………………………………………………140

I 章　プレゼンテーションのための基礎知識

　どのようなプレゼンテーションを行なう場合も基本となる知識が必要である。本章では，そうした基礎知識であるプレゼンテーションの定義，種類，準備の進め方を概説する。演習を行なう前に，しっかりと確認しておきたい。

1．プレゼンテーションの定義と種類

（1）プレゼンテーションの定義

　元来，プレゼンテーションとは，広告会社などが広告主に対して行なうビジネス目的に用いられたことばであった。しかし，最近では，テクニカル・プレゼンテーション，アカデミック・プレゼテーションといった用語も一般化しつつあり，プレゼンテーションは，より広範囲な意味で用いられる。
　次の定義を覚えておこう。
　　「話し手が，あらゆる場所で，ある目的をもって，一定の限られた時間の中で，視聴覚機材などの助けを借りて，情報を伝達し，さらに説得したり，論証を行って，聴き手の判断や意思決定を助け，進んで行動を起こすことを促すコミュニケーションである」[1]

（2）プレゼンテーションの種類

　プレゼンテーションは，その目的から，次頁の表に示したような5種類に分類できる。自分が行なうプレゼンテーションがどの種類のものかを十分に理解した上で準備を進めなければならない。

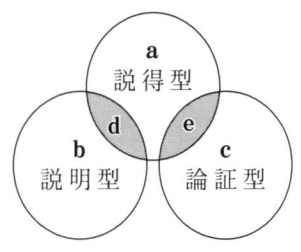

---

[1]　福永弘之「プレゼンテーション再考」，姫路工業大学環境人間学部『研究報告』第3号　2001。

プレゼンテーションの種類と定義

種類	定義	例
a. 説得型	聞き手に行動を起こさせることを目的とするもので，聞き手を納得させて行動させる提案型のプレゼンテーション	新商品を売り込む場合など
b. 説明型	聞き手に内容を理解させることを目的とする情報伝達型のプレゼンテーション	会社や学校のオリエンテーション，新商品などの報告会など
c. 論証型	自分がもつ意見，学説などの正当性を聞き手に証明することを目的とするプレゼンテーション	学会での研究発表など
d. 説得型と説明型の複合・連動型	情報を伝達した上で，それについての行動を促すことを目的とするプレゼンテーション	企業などでプロジェクトの企画・実行についてのものなど
e. 論証型と説得型の複合・連動型	自説の見解を周知させた上で，具体的行動を促す説得へと移行するプレゼンテーション	エコロジー関連の学会発表など

2．プレゼンテーションの準備の進め方

　プレゼンテーションを実施する会場や，そこで使用可能な機器がわかったら，それをふまえて実際の準備に入る。プレゼンテーションの成否は，この準備段階でほぼ決まる。

　準備で最も大切なことは，全体をふまえた Plan（内容）の作成である。それについては，特に注意して学びたい。

（1）準備の注意点

a．聞き手の分析

　聞き手の人数や性質によってプレゼンテーションの準備は異なる。同趣旨の内容を話す場合でも，聞き手を想定して話すポイントを検討しておく必要がある。

b．目的の明確化

　聞き手の行動を促すものなのか，あるいは情報を与えるものなのか。プレゼンテーションの最終的な目的を具体的に明確にしておこう。

c．場所や会場

　場所や会場については，聞き手の分析とも関係する。会場や部屋の広さはどの程度なのかによって，話し方も工夫しなければならない。この会場設営などの準備段階で，設備・使用可能な機器なども決定するだろう。

（2）プレゼンテーションを行なうときの三要素（3 P）

a．Plan ＝ 内容，構成

　主張すべき結論・意見は明白か。事実と意見，感想などの内容が区別され，話す事柄の順序は整理されているか。時間的制約に対応しているか。これらは，プレゼンテーションを行なう上で最も重要な要素である。

　Plan の作成は，次の手順で行なう。

①　伝えるべき情報のために資料を収集する
　　パンフレットや図書などの文書資料だけではなく，視覚資料なども整理する。

聞き手の分析チェックリスト

項　目	事　項
テ　ー　マ	
実　施　日	平成　　　年　　　月　　　日
人　　数	計　　名，（男　　名，女　　名）
聞き手の年齢構成	（10代　　名），（20代　　名），（30代　　名）， （40代　　名），（50代　　名），（60代以上　　名），
テーマに関する聞き手の専門知識のレベル	（高い　普通　低い　不明）
話し相手に対する印象	（良い　普通　悪い　不明）
聞き手の関心ある事柄	●理論　●事例　●技術に関する事　●統計類　●費用 ●実演　●その他（　　　　　　　）
テーマが聞き手にとって利益・不利益な点	●利益（　　　　　）　●不利益（　　　　　　）
質問があるかどうか	●ありそう　●ない　●不明
禁句（タブー）	

（福永弘之『プレゼンテーション概論及び演習』樹村房　2000）

② 時間配分を考え，資料を取捨選択する

　プレゼンテーションの時間には，3分程度の短いものから1時間以上にもわたる講演的なものまである。その目的に即して時間的な制約に対応できるよう，話す項目・具体例などを選択する。

③ 原稿を作成する

　話す内容の選択が終わったら，プレゼンテーションのための原稿を作成する。基本的な原稿の構成法には，次のようなものがある。

三段構成	序論，本論，結論の三つの構成で話す方法。序論では目的や意図を，本論では論証や証明を，結論ではまとめや考察を述べる。
四段構成	漢詩の絶句などに見られる方法で，「起，承，転，結」が基本である。三段構成の，序論が「起」に，本論が「承」に，結論が「結」にそれぞれ相当する。「転」は話題転換に当たる箇所で，三段構成より複雑な構成となる。

　また，演繹法と帰納法も一般的である。

演繹法	最初に結論を述べ，そのあと個々の特殊な内容を論証する方法
帰納法	個別的な事柄から，一般的な命題や結論を導き出す方法

　構成の方法は，文章を書く場合とほぼ同じであると考えてよい。ただし，プレゼンテーションでは，「どのような構成で話せばその意図が聞き手に十分に伝達できるか」が大切である。そのため，必ずしも法則にとらわれる必要はない。

　最初に結論を述べることもしばしば行なわれるし，最後に結論をくり返すことも効果的である。

　スピーチでは一般に，構成はできるだけシンプルなものがよい。とくに3分程度までの短いものは，三段構成を基本としよう。

　また，最初と最後の挨拶も重要である。「○○と申します」「◇◇がお話しいたします」や，「以上で終わります」「ご静聴ありがとうございました」などの挨拶も忘れてはならない。

④ 原稿の推敲と発表の予行

　時間を計りながら声を出して原稿を読み，内容・分量などを調整する。強調すべき

点には,原稿の該当箇所に赤線などを引いておく。また,機器などを用いて示す資料なども確認しておく。

　実際の会場で予行できない場合でも,本番を想定(イメージ)して練習しておきたい。

b. Presentation skill ＝ 話し方

　声の大きさは,その場に適したものか。ペース,スピード,ポーズ(間)が考慮されているか。用語は平明で簡潔か,などに留意することが大切である。もちろん,資料や原稿の棒読みは論外である。十分に心がけておきたい。

　Intelligible(わかりやすく),Interesting(興味がもてて),Interractive(相互的な)の3I[1]に気をつけよう。

c. Personality ＝ 話し手の人柄

　発表態度は,礼儀をわきまえたものとし,しぐさは,聞き手を不快にさせないように注意する。話し手は,誠実さ・余裕・情熱など,人間性を聞き手に感じさせる必要がある。また,意見などを述べるときは,自分自身に一貫した哲学が必要である。聞き手を納得させたり魅了するのも,最後は話し手の人間性にかかわってくる。

企画のポイント

プレゼン企画は「かきくけこ」

か　**かた**(型)＝基本フォーマット,つまり型をつくる
き　**きりくち**(切り口)＝訴えたいポイント,切り口を明確に表現する
く　**くふう**(工夫)＝興味をもたせ,欲求を起こさせるよう創意工夫する
け　**けいとう**(系統)＝最初から最後まで一貫して筋道を通す
こ　**こる**(凝る,手づくり感)＝自分なりの独自性を工夫する

---

1) 細井京子・ホームページ「プレゼンテーションの基礎知識」

（3）プレゼンテーションの評価

プレゼンテーションが終了したら，改めて振り返ってみる。良かった点，反省すべき点などをチェックし，次のプレゼンテーションに備える。そのためのチェックポイントは次のような点である。

プレゼンテーションの評価のチェックポイント

企画に際してのチェックポイント

(1) 目標や目的はどうであったか。
① 目標・目的が具体的なものになったか。
② 競争相手（ライバル社）の動きに関しては，情報を十分につかんでいたか。
③ 時間の配分はうまくいって，時間内に終わることができたか。

(2) 聞き手の分析
① 聞き手は男性か女性か，両方混じっていたか，年齢層はどうであったか。
② 聞き手のレベルにあった話し方になっていたか。
③ 聞き手の関心事は何であったか。

立案に際してのチェックポイント

① 聞き手にとってメリットになるようなことが具体的に示してあったか。
② 視覚資料は，見やすく，わかりやすく，順序よく作られていたか。
③ 配布資料は，きちんと作られ，要領よくまとまっていたか。

発表に際してのチェックポイント

① 話の組み立て，発表の順序はうまくいったか。
② 導入部の切り込みはうまくいったか。
③ 結論は，うまくまとめられ，行動に変化をもたらすようなことがあったか。
④ わかりやすいような表現になっていたか。声の大きさ，テンポはよかったか。
⑤ ツールはタイミングよく利用できたか。
⑥ ボディランゲージはうまく活用できたか。
⑦ 質問にうまく応答できたか。
⑧ 会場はどうであったか。交通の便，部屋の照明，広さ，装飾など。

（福永：前掲書）

3．ビジュアル・プレゼンテーション

プレゼンテーションでは，話の内容を具体的にイメージしてもらうことが必要である。効果的なプレゼンテーションを行なうには，目や耳に訴え，さらに，内容に最適のツールを選ぶことが大切である。それぞれのツールの使い方を十分に習得して，ゆとりのあるプレゼンテーションを行なってみよう。

（1）よく使われるツールの種類と特徴

プレゼンテーションでよく使うツール（道具）の種類と特徴を理解し，活用方法を考えてみよう。

ツールの種類と特徴

ツール名	長所	短所
配布資料	・安価で容易に作成できる ・くり返し確認できる ・記録として残る	・配布に手間がかかる ・事前作成が必要
ボード （黒板，白板，パネル）	・即時性がある ・事前準備が不要 ・メモをとるなど，臨場的で参加意識がもてる	・大きい会場には不向き ・マーカーのインク切れがある ・消去後，再現が困難 ・聞き手に背を向ける
OHC （資料提示機）	・現物がそのまま使えて，簡単 ・明るい室内でも使用できる	・高価な設備が必要
OHP （オーバーヘッド プロジェクター）	・安価で，かつ移動も容易 ・原稿作成が容易 ・聴衆に向いて操作できる	・大きい会場には不向き ・ランプがよく切れる ・見えにくい場所，場合がある
パソコン （パワーポイント）	・多色で動きがあり，興味をひく場面づくりができる ・交換の手間がかからない ・保存，修正，加工が容易 ・多種の機器との接続が可能	・設備や操作技術が必要

（2）ツールの効果的な使い方と注意点

　ツールは，あくまでもプレゼンテーションを効果的に行なうための道具である。したがって，その内容が，聞き手の理解を超えるほどむずかしいものや，見えにくくて興ざめするようなものなどは避けるべきである。

　会場や状況などを考慮して，最適のツールを活用しよう。

ツールの効果的な使い方

配布資料	・Ａ４サイズに統一する ・ノートとして使える空白を作る ・一目瞭然のレジュメをつける ・分量と配布のタイミングを考える	ていねいに説明するには，Ａ４判１枚に30分程度をかけるとよい
ボード （黒板・白板・パネル）	・箇条書き的に，短く，大きく書く ・できる限り聞き手に背を向けない ・書くときもコミュニケーションを忘れない	聞き手を板書に参加させたり，話のポイントをその場で書いたりすることで，臨場感や参加意識が出る
OHP （オーバーヘッド プロジェクター）	・事前のチェックを入念にする ・誤字や脱字に注意する ・そのときに必要な部分だけを順次，投影する ・順序を間違えない ・シート交換をスムーズにする	シートを横型に使い，短くインパクトのあることばを，ゴシック体で，３色以内の色を使って書くとよい
パソコン	・全体の流れを把握しておく ・説明を途切れないようにする ・万一のため，バックアップを取っておく ・シンプルな作りにする ・場面が多すぎないようにする	明るく，楽しく，単純なストーリー性のあるものに仕上げるとよい。画面数が多すぎると，印象が散漫になる

4. プレゼンテーションを成功させる話し方

　プレゼンテーションでは，いろいろなツールを用いて資料を提示しながら口頭で発表する。このときの話し方がプレゼンテーション効果に大きく関わってくる。話しことばは一瞬のうちに消えてしまう。その一瞬にどれだけ印象的に具体的なイメージを伝えられるかが勝負である。簡潔・明瞭で，説得力があり，加えて相手の立場を思いやる暖か味のある話し方が，プレゼンテーションを成功に導く基本となる。ここでは，プレゼンテーションを成功させる話し方と，非言語表現の用い方のポイントについて示す。

(1) 聞き手をひきつける話し方「5つの基本技術」

　話し方の5つの基本技術を身につけよう。

話し方「5つの基本技術」

1．イントネーション（抑揚）	文末に表われる話し手の感情である。話し手の気持ちが表現される。
2．プロミネンス（強調）	自分の気持ちや主張を伝えるとき，そのことばや話しの部分を強調してはっきり伝える。
3．ポーズ（間）	"間は魔である"，ポーズは話し方の要である。 ① 無意識にとる間（息つぎの間，一息の長さ） ② ことばの切れ目の間 ― 句読点の間 ③ 聞き手に理解してもらうための間 ④ 考える心理的な間 ⑤ その部分の強調や注意を引くための前後の間
4．スピード（話す速さ）	話す速度は話す場や相手によって変わってくる。一般的には，1分間に300字程度といわれる。
5．チェンジ・オブ・ペース（緩急自在）	抑揚，強調，間，速度などを総合した表現方法。互いに関連し合い，緩急自在，メリハリのある生き生きとした話し方ができる。

（2）ボディーランゲージ（身体言語）を効果的に用いよう

　コミュニケーションは，バーバル・コミュニケーション（言語によるもの）と，ノンバーバル・コミュニケーション（非言語によるもの）の2つに分けられる。非言語としてのボディランゲージ（ジェスチャー，身ぶり，しぐさなど）は，話しことばを補い，話しに出てくる状況をより目に見えるように表現できるので，プレゼンテーションには欠かせない。

ボディランゲージの分類[1]

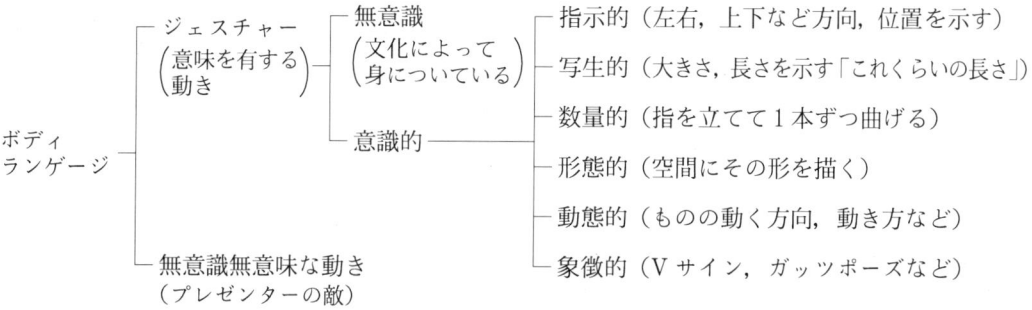

（3）視線—アイコンタクトを忘れずに

　スピーチやプレゼンテーションなど大勢の前で話す場合でも，聞き手に対し，いつも一対一で話すようにする。原稿ばかり見て，それを読むだけでは，説得力に欠ける。会場の中心から左右前後へと，まんべんなく視線を送るように気を配る。会場全体に"Z"型に，あるいはジグザグに視線を動かすのがよい。その間に「視線をある人に止めて，その聞き手に向かってワンセンテンス，3〜4秒ほど話しかけるようにする」と効果的である。

アイコンタクトの2つの原則

1. Look, Smile, Talk の原則
   最後列の席の人を見て，笑顔で話し出すという原則
   一呼吸おいて，落ち着いて話し始めるようにする
2. One sentence, One person の原則
   一つの段落で一人にアイコンタクトをし，次の段落では他の人にアイコンタクトをして話す。多数の人を相手にしたコミュニケーションでも，常に一対一で話しているようにすることをOne on communication という。

1）作山宗久『プレゼンテーションの技法』p.180（1998），永崎一則『話力のプレゼンテーション』p.170（1995）をもとに作成（福永）

(4) プレゼンテーションを成功させる話し方「8つのポイント」

プレゼンテーションには，一対一から多人数の聞き手まで，場面によって目的も種々であるが，聞き手を納得させられるかどうかが成功の鍵となる。その話し方のポイントは8つある。

1．原稿を読むな，自分のことばで語ろう

自分の原稿や出席者に配布した資料を読み上げるだけのプレゼンテーションほど退屈なものはない。説得力もなにもない。自分のことばで語りかけてこそ，相手にしっかり伝えられる。

2．説得ではなく，納得させよう

相手の立場，状況，ニーズなどは，話し手の予想と同じであるとは限らない。説得されても，必ずしも満足できないケースもあるだろう。相手のニーズを的確にとらえて納得できるように話すこと。ときには笑顔で余裕をもって話しかけよう。

3．熱意をもって話そう

理解しやすいように，しっかりまとめたプレゼンテーションの内容でも，熱意をもって話すかどうかで効果が左右される。話し手の熱心な姿が，相手の心を動かすことが多い。

4．センテンスは短く，40字ほどで組み立てる

センテンスを短くする。「何が〜どうした」をおよそ40字で組み立てるようにする。
主語と述語の間隔を短くし，ワンセンテンスは10秒以内にするとよい。

5．「予告」して，聞き手側のマインドセットを

それぞれのパートを話す前に，必ず予告する。そうすると，聞き手側のマインドセット（心の準備）ができ，説明がすんなり入りやすくなる。

6．結論を印象づける

結論部分は，プレゼンテーションのクライマックスである。大事なところは必ずくり返して，印象深く相手の心に残る話し方を工夫する。

7．成功の鍵は，一にも二にもリハーサル

プレゼンテーションを成功させる最大の鍵は，練習のくり返しと，事前のリハーサルを入念に行なうことである。そして，話しの流れや話し方など，第三者のアドバイスを受けよう。

8．質疑応答の話し方（あわてずに落ち着いて）

　プレゼンテーションでは必ず質疑応答がある。質問に対して適切に応答することは，プレゼンテーションの内容と同じくらい重要である。むしろこの時の回答によって，相手が納得し，肯定的な意思決定につながる。

　プレゼンテーションの後の質疑応答は怖くて仕方がないという人も多い。答えられないことを聞かれたらどうしよう，と心配になるからである。そのため，質疑応答のフリートークになった途端に，話し方までが自信なさそうに変わってしまうことがある。このようにならないために，プレゼンテーションの内容と想定問答などの準備・リハーサルをしっかりしておくことが肝要である。

［**質問について**］

1．質問を受けるとき

　質問を受けるときは，質問の内容をしっかり把握しよう。把握できないときは，もう一度尋ねる。そして誠意をもって，簡潔に的確に答える。すぐに答えることができない質問には，「申し訳ありません。その点につきましては，今お答えすることはできませんので，さっそく調べまして，後ほどご連絡いたします」と正直に伝える。その率直さがかえってよい結果を生む。

　質問が出るのは「自分の説明が不十分だから」と考えるのではなく，むしろ「自分の発表にリアクションがあった」と前向きにとらえよう。質疑応答は，質問者とコミュニケーションをはかるよいチャンスなのである。

2．質問をするとき

　質問をするときは，要点を絞って簡潔に発言する。センテンスを短く，4センテンス以内，秒数にして30秒以内におさめるとわかりやすい。

　プレゼンテーションは［習うより慣れよ］といわれるように，訓練と経験を重ねることである。

　自分の話し方をビデオにとったり，録音するなどしてチェックし，感じの良い話し方を身につけよう。

5．プレゼンテーションの評価法

　プレゼンテーションをより良いものにするためには，個々のプレゼンテーションを，話し手と聞き手の双方の立場で反省することが大切である。つまり，プレゼンテーションの評価である。評価には自己評価と相互評価の二通りが考えられる。
　評価する内容は，使用したツールや，発表の仕方などである。それぞれの項目について，良い点，悪い点などの評価を行ない，次回への改善に結び付けていく。

（1）話し方のチェックシート

　話し方で最も大切なことは，聞き取りやすく理解しやすいことである。この評価は，聞き手中心で行ない，それをもとに，反省点として自己評価を行なうのがよい。

話し方のチェックシート

内　　　容	YES	NO
聞き手にあった言葉づかいだったか 　　（たとえば　　　　　　　　　　）		
具体的な話し方だったか 　　（たとえば　　　　　　　　　　）		
口ぐせや発音などは良かったか 　　（たとえば　　　　　　　　　　）		
イメージのわく話し方だったか 　　（たとえば　　　　　　　　　　）		
明瞭な話し方だったか 　　（たとえば　　　　　　　　　　）		
ユーモアのある話し方だったか 　　（たとえば　　　　　　　　　　）		
つなぎ言葉は適切だったか 　　（たとえば　　　　　　　　　　）		

（2）情報確認シート

　プレゼンテーションを行なうにあたっては，基本的な情報の把握が大切である。次のようなチェックシートを作成すると，プレゼンテーションに対するイメージと，企画者の意図を短時間に確認することができる。

基本情報確認のチェックシート

日　　時	年　　　月　　　日　　　時　～　　　時		
実行時間	時間　　　分（休憩　　　分）		
対　　象	（男　　　：女　　　）　　　名		
	歳中心：　　　歳代　～　　　歳代		
	会社員	学生	主婦
	高齢者	子供	その他
	主な学歴・地位		
	主な関心・興味		
場　　所	会場	面積	机（有・無）
	窓	出入口	照明
	空調設備	マイク	騒音
	機器	その他	

プレゼンテーション

（3）アンケート式シート

　アンケート式とは，聞き手の立場での評価である。端的にいえば，感想である。できるだけ単純な項目で，答えやすくすることが大切で，できれば数値化できるようにすると比較しやすく，改善に向けての対策がとれる。

友情カード（隣の人や友人との相互評価）

チェック	内　　容	良　　い	普　　通	悪　　い
体	姿勢や手・足			
目	目くばり			
顔	表情・笑顔			
動作	ボディランゲージ			
声	大きさ・明るさ			
ことば	敬語・口ぐせなど			
話し方	わかりやすさ			

アンケートカード

内　　容	良　　い	悪　　い
テーマと内容はあっていたか		
導入の話しはひきつけられるものだったか		
わかりやすい話しだったか		
声・話し方・外見などは良かったか		
テーマは印象に残ったか		
ツールの使い方は		
全体としてのプレゼンテーションは		

（4）フィードバック

チェックシートの結果や，聞き手の反応などを分析して，その目的の達成度や反響，発表の技術的なことなどを多面的に振り返り，反省しながら，次のプレゼンテーションへ生かしていく。

より良いプレゼンテーションを行なうために，総合的な自己評価をしてみよう。

総合評価のチェックシート

評　価　点	コメント（改善点など）
話の組み立て，発表の順序はうまくいったか 　　　（**非常に良い・良い・普通・少し悪い・悪い**）	
時間の配分はうまくいったか 　　　（**非常に良い・良い・普通・少し悪い・悪い**）	
声の大きさ，テンポは良かったか 　　　（**非常に良い・良い・普通・少し悪い・悪い**）	
話す姿勢，態度は良かったか 　　　（**非常に良い・良い・普通・少し悪い・悪い**）	
聞き手とのアイコンタクトはうまくできたか 　　　（**非常に良い・良い・普通・少し悪い・悪い**）	
プレゼンテーションの目標がはっきりしていたか 　　　（**非常に良い・良い・普通・少し悪い・悪い**）	
主張したいポイントを印象付けられたか 　　　（**非常に良い・良い・普通・少し悪い・悪い**）	
ツールの使い方は適切であったか 　　　（**非常に良い・良い・普通・少し悪い・悪い**）	
配布資料は見やすく，わかりやすかったか 　　　（**非常に良い・良い・普通・少し悪い・悪い**）	
OHPシートの作り方は適切であったか 　　　（**非常に良い・良い・普通・少し悪い・悪い**）	
質問にうまく応答できたか 　　　（**非常に良い・良い・普通・少し悪い・悪い**）	

II章　就職試験と社会人入門

　学生から社会人への転換期は，どのような情報が必要で，どのように行動すべきかなどが入りまじって不安がつきまとうが，落ち着いた対応ができるように学習しよう。

1．インターンシップ

　インターンシップは，文部科学省・経済産業省・厚生労働省を中心に，産学連携による人材育成の一環として，「学生が在学中に自らの専攻，将来のキャリアに関連した就業体験を行うこと」を目的に行なわれている。

　教員になるためには教育実習の単位取得が義務づけられているが，企業などへの体験は必ずしも必要ではない。しかしながら，今日のビジネス環境の変化は著しく，企業の求める人材像と採用される側の学生像に隔たりが生じ，「雇用のマッチング」を図ることが難しくなっている。

　そこで，学生が自分に適した職種，職業は何か，適切に判断し，選択することができるように，関連する就業体験を行なうという目的でインターンシップ制はつくられた。ここでは，社会人入門の一つとして，インターンシップを通じて，適切な自己表現，プレゼンテーションを考える。

（1）インターンシップの概要

　受け入れ先の企業によってさまざまな状況があるが，一般的なケースをみてみる。
① 期間……1～2週間の実習が多く，目的によっては1ヵ月以上もある。
② 時期……学校の長期休暇期間（春・夏・冬休み）を中心として行なわれ，特に夏休みが多い。
③ 報酬……教育の一環であるため無報酬としている企業がほとんどだが，一方で，学生に守秘義務や責任を負わせるために支給する場合もある。
④ 費用……交通費や昼食代は学生負担とするところが大半だが，社員食堂を利用させるなど，企業の一部負担の例もある。
⑤ 保険……学生負担がほとんどである。しかし学生本人の災害は通常の保険でカバーできるが，損害賠償責任（対人・対物）は，職業リスク免責となるので，注意する。

（2）インターンシップの流れ

　インターンシップを既に実施している学校や企業によっては，独自のシステムを確立している場合もあるが，実習のおおよその流れは，以下のとおりである。

① 実習先の選定
- 希望する学生は，担当の部署へ実習の申し込みをする。
- 学校側は学生の希望にそった企業を探し，受け入れができるかどうかを打診する。

② 実施の確認と契約
- 企業と学校が，実習の目的やテーマ，実習内容，日程，経費負担などの調整を図る。
- 調整を終え，実施が決定したら，企業と学校で様式に沿った確認書を作成するが，これが実質的な契約書になる。

③ 実習の実施
- 実習先企業の情報や調整確認段階で合意された事項，および留意点などを事前学習する。
- インターン実習日誌や報告書などの所定の用紙があれば受け取る。
- 実習内容を確認するために，実習日誌を毎日作成し，企業の担当者に確認印をもらう。
- プロの現場でプロと一緒に仕事をする自覚をもち，報告や相談を怠らない。

④ 実習終了後
　　企業から預かった書類と，インターンシップの成果を確認するために，参加者を集めての報告会で，情報交換を行なったり，提出を義務付けられているレポートなどがあれば，きちんと提出することで，インターンシップが終了する。

（3）インターンシップ制のメリット，デメリット

a. インターンシップのメリット

① 学生にとってのメリット
- 職業選択意識の向上……実際の仕事や職場の状況を知り，自己の適性や将来の生活設計など，職業選択について深く考えるきっかけになる。
- 学習意欲の向上…………実際の現場に触れることで，実務能力や社会的知識に対する学習意欲が刺激される。
- 社会適応能力の向上……事前に職場や社会のルールを知ることによって，就職後の適応能力を高めることができる。

② 学校にとってのメリット
- 社会的評価の向上………学生が就業体験によって実践的な知識にふれ，専門能力・

　　　　　　　　　　　　実務能力を向上させることによって，学校の人材育成に対する社会的評価が高まる。
　・企業との交流・連携……企業との連携が深まり，情報交流を進めるなかで，業界の最新情報や人材に対するニーズを知る機会が得られる。
　・学習・職業意識の育成…学生が体験によって学習意欲を喚起し，また職業選択や適性について考える機会を得ることによって，学生の就職後の職場への適応力や定着率を高めることができる。
③　企業にとってのメリット
　・企業イメージの向上……学生，学校および社会に存在をアピールでき，企業イメージの向上につながり，将来的な人材確保の面でも効果が期待できる。
　・学校との交流・連携……学校との連携が深まり，情報交流を進める機会が得られる。
　・職場の活性化…………学生と接することで社員に刺激が与えられ，職場の活性化につながる。

b. インターンシップのデメリット

　受け入れ先の企業では，ある程度の意欲や意識が整った学生を望んでいるので，受け入れ学生の目的意識が希薄で，何を学びたいかが明確に伝わってこない，職場での挨拶，ことばづかい，ビジネスマナー，身だしなみなどの基本が身についていない，などの場合，インターンシップの目的を達成することは困難となる。
　一方で，学生にとっても，雑用的な仕事にしか従事させてもらえないなど，満足が得られない場合もある。

（4）インターンシップに行く前に注意すること

　インターンシップをスムーズに進めるためには，受け入れ先企業，学校，参加する学生の三者が，それぞれの立場で準備しておくべきことがある。ここでは，学生としての心構えを確認する。
①　社会人としてのあいさつや話し方を整える
　実習先では，第一印象を大切にする。そのためのポイントは，以下のとおりである。
　・到着したら，まず爽やかに自分を名乗る。
　・明るい表情で元気よくあいさつをして自分を落ち着かせる。
　・インターンシップで来社したことを伝え，担当者に取り次いでもらう。
　・配属された部署でも自分を名乗り，あいさつをし，お世話になるお願いを述べる。

・一社員としての自覚をもって業務につき，会社の規則や社内でのマナーを守る。

② 身だしなみを整える

　社会人としての基本的な身だしなみのポイントとなる大切なことは，第一に清潔感である。次のチェック表で確認して臨むとよい。

身だしなみチェック表

	男　　性	女　　性
頭髪	社会人として髪を整えているか 髪は清潔でフケはないか	長い髪は束ねてまとめているか 前髪が長すぎないか
顔	歯をきれいに磨いているか ひげはきちんと剃れているか 顔色は悪くないか	化粧は派手すぎないか 口紅は濃すぎないか
手	爪は清潔できちんと切っているか	爪の長さ，マニュキアは派手でないか
服装	ベーシックなデザインのスーツか 落ち着いた色のスーツか 袖口や襟のしみ，汚れはないか 肩にほこりやフケが落ちていないか 不要なシワはついていないか ほころびやほつれはないか ワイシャツはオーソドックスか ワイシャツの襟をプレスしているか シャツはスーツから1cm程度か ネクタイは曲がっていないか ネクタイはスーツに合っているか ズボンの折り目はプレスされているか 靴下は靴と合っているか	無難な色で型のよいスーツか スカートの丈は膝が見え隠れする程度か ブラウスは，シンプルで上品なものか ブラウスの襟や袖口は清潔か ブラウスはきちんとプレスしているか ブラウスの袖は3cm以上出ていないか 不必要な装飾品をつけていないか ストッキングは伝線していないか ストッキングの色は落ち着いているか
靴	スーツに合った靴の色か きちんと磨いているか かかとがすりへっていないか	スーツに合ったシンプルなパンプスか きちんと磨いているか かかとがいびつになっていないか
バッグ	黒，茶のA4サイズの書類が入るもの 就職後も使える丈夫なバッグがよい ハンカチ，ティッシュ，手帳はあるか	オーソドックスな色でスーツに合わせる ハンカチ，ティッシュ，手帳はあるか 化粧直し用の準備物を入れているか

演習 Ⅱ-1 インターンシップで，病院の窓口業務を補助することになった。初めて来院した患者や通院している患者など，いろいろな人たちに対応することになるが，それらの人たちにどのように接すべきか。グループ毎に話し合ってみよう。

演習 Ⅱ-2 インターンシップでお世話になった方々にお礼を述べる場面を想定して，どのような感謝のことばを述べるか，考えて，実際にやってみよう。

2. 就職試験に向けて

　ビジネス環境の変化とともに就職活動の実態も変わり，企業への求職アプローチの方法も，電話や手紙などに加えて，電子メールやインターネットなどを活用することが多くなってきた。
　ここでは，就職試験をとおして，社会人となるための行動を考えながら，プレゼンテーションの技能を活かしてみよう。
　キーワードは「しっかり自分をつかむこと，好印象を与えること」である。

（1）資料を請求する

　資料請求は，企業の基礎情報を集めるために行なうものである。その目的は，企業からの返信・返答を得ることなので，担当者を「返事をしよう」「送ってやろう」という気持ちにさせなければならない。まさにプレゼンテーションそのものである。

```
資料請求のポイント
 ・手間を取らせないこと
 ・会ってみたいと思わせること
 ・好印象を残すこと
```

演習 Ⅱ-3　企業の担当者は，膨大な数の資料請求を受け取っている。多忙な担当者に手間を取らせないためには，どのようにすればよいだろうか。グループ内でいろいろな方法を話し合い，模造紙に箇条書きにしてみよう。

［ポイント］
　・手紙よりはがき
　・箇条書きをモットーにする
　・返信用封筒を同封する
　・後日，問い合わせをする場合，日時を明確にする
　・メールアドレスを忘れない

演習 Ⅱ-4 採用担当者に「会ってみたい人物」と思われるような電話のかけ方とは，どのようなものだろうか。グループで，10分間バズセッションをし，リーダーの指名した人が話し合いの要点を発表しよう。

［ポイント］
- 礼儀正しく，ていねいな感じがあること
- ことばづかいが正しく，明瞭であること
- 全体的に明るいこと
- スピーディーで，リズム感があること
- しっかりと企業研究をしていること
- 熱意が感じられること

◆**電子メールによる依頼**

　電子メールは，いつでも，何度でも，請求ができる便利な手段である。電子メールでの請求に必要な情報は，企業のホームページや就職情報専門のホームページで得ることができる。

　企業にとっても，労力・印刷・郵送など，コストとスピード面で有利な点が多く，今後はインターネットによる活動がますます増えていくであろう。

　これからの資料請求は，電子メールを中心に行ない，IT設備が未整備の企業に対しては，はがきなどの従来の方法をとるようにするとよい。

演習 Ⅱ-5 あなたが一番興味をもっている会社のホームページを探してみよう。

［ポイント］
- 企業名の近くに「URL」の表示のある企業は，ホームページがある
- ブラウザの「場所」に，直接この「URL」を入力する
- YAHOO！JAPANやGOOなどで，直接企業名を入力して検索してもよい

演習 Ⅱ-6 電子メールで資料を請求した企業から会社案内が郵送されてきた。お礼を電子メールで送ってみよう。

［ポイント］
- 受け取ったら，できるだけ早くお礼のメールを送る（当日が望ましい）
- 題名に，はっきりと「資料送付のお礼」と入力する
- 企業に対する熱意や，パンフレットの感想を的確に述べる
- 今後の連絡のために，自分のメールアドレスの入力を忘れない

［例］　　　　　　　　　　　お礼の電子メール

会社案内ご送付のお礼

株式会社　ABC商会
　　人事課　山田一郎様

謹啓　私は△△短期大学××学科，□□□□□と申します。
　本日はお忙しい中，会社案内の資料をお送りいただきありがとうございました。
　高校時代から貴校で英会話を学び，そのシステムと職員の皆様のお人柄にふれ，将来はぜひともこのような組織で働きたいと考えておりましただけに，資料を手にした時の喜びもひとしおでございました。
　ただ今，じっくりと拝見させていただき，その素晴らしさを一層実感し，試験に向けてがんばりたいと存じます。本当にありがとうございました。
　今後とも，なにとぞよろしくご指導のほどお願い申し上げます。
　　　　　　　　　　　　　　　　　　　　　　　　　　　　　　　　敬具

△△短期大学××学科　　　□□□□□
メールアドレス：purezen@enshu.ac.jp
住所：〒531-2222　大阪市北区山田町1-1-2
電話：06-6321-9876

◆**電話による依頼**

　知り合いがいる場合や，あらかじめ問い合わせる時など，現在でも，企業への連絡は電話が一番確実である。

演習 Ⅱ-7　グループ内で人事課の女性社員(24歳)と採用担当の男性社員(35歳)と就職活動中の学生の役になって，『先輩が営業部で活躍している IT 産業へ，企業訪問のための電話』をかけてみよう。どのような会話が考えられるだろうか。

［ポイント］
- スケジュールにゆとりのある週を中心に，電話をする
- 質問など，要点を箇条書きにメモしておく
- テンポよく話す
- 明るく，聡明な印象を残すように心がける
- 電話を切るときは，ビジネスルールと異なり，相手が切ってから切る

◆**手紙による依頼**

　中小企業やユニークな企業には，手紙による請求が効果的である。ただし，手間を取らせないという基本ルールから考えると，就職情報誌などのアンケートはがきや，学校が用意したはがきなどを利用するのがよい。

　また，面接のとき，資料の一つとして質問されることもあるので，企業に出した手紙やはがきなどは，すべてコピーをしておく。

演習 Ⅱ-8　次のアンケートはがきを書いてみよう。それぞれが書いたものについて，グループで 20 分間討議し，主な意見をまとめてリーダーが 3 分以内で発表してみよう。

Ⅱ章　就職試験と社会人入門　27

［演習］　　　　　　　　　アンケートはがき

① あなたは当社についてどの程度ご存じでしたか。
　　　a．よく知っていた　　　　　　　b．少し知っていた
　　　c．聞いたことがある　　　　　　d．全く知らなかった
② あなたは当社のどんな点に興味をもちましたか。
　　　a．事業内容　　　　b．経営理念　　　　c．職場環境
　　　d．将来性　　　　　e．安定性　　　　　f．人材育成
　　　g．待遇　　　　　　h．その他（　　　　　　）
③ 就職する際，何を重視しますか。（2つ）
　　　a．規模　　　b．安定性　　c．雰囲気　　d．事業内容
　　　e．将来性　　f．給与　　　g．国際性　　h．勤務地
　　　i．福利厚生　j．その他（　　　　　　）
④ あなたはどんな仕事（職種）に興味がありますか。
　　　a．技術　　　b．技能　　　c．営業・販売　　d．事務
　　　e．企画・開発　f．その他（　　　　　　）
⑤ あなたのセールスポイントは何でしょうか。

⑥ 当社に対するご意見・ご質問がありましたらお書きください。

［ポイント］
　・読みやすく，きれいな字を書く
　・ていねいに〇印をつける
　・〇印の指定数を確実に守る
　・空白の部分をあまりつくらない
　・質問を書くと，熱意が表わせる

(2) 情報を集めてみよう

　説明会の主なものは，企業が単独で行なう，いわゆる企業説明会と，就職情報誌などが主催する合同セミナーと呼ばれるものや，地方での就職を目指す人に対する地元合同セミナーなどである。

　そのほかに，大学における企業懇談会や，各業界が主催する業界セミナーをはじめ，商工会議所などによる地元密着セミナーなどがある。

　これらのセミナーがいつ，どこで，どのような形式で行なわれるかという情報を，一つでも多く集め，参加できるように手配することである。

情報照会先一覧

インターネット	情報誌など	行政サービス
YAHOO！JAPAN	日経会社情報	Uターン就職センター
日経就職ナビ	就職企業年鑑	学生就職センター
MSN	毎日就職ガイド	学生職業情報センター
OCN	リクルートスタイルブック	女性センター
RECRUIT NAVI	トライ	学生職業センター
リクルートブックオンザNET	アクセスカード	
	会社四季報就職版	
学生による学生のための就職情報	就職ジャーナル	

(3) エントリーをしてみよう

　エントリー（entry）とは，企業説明会やセミナーをはじめ入社試験などへの参加申し込みのことである。インターネットや情報誌，就職指導室などで得た資料・情報をもとに，参加希望の企業へ最適の方法で申し込む。企業によっては，この申し込みを一次試験として受験者の足切りの一つの手段としているところもある。準備を整えてエントリーをしてみよう。

> **エントリーのポイント**
> - タイミング
> - ビジネス感覚
> - 好印象

◆エントリーシートによるエントリー

　エントリーシート（企業によりさまざまな呼び方がある）でエントリーする場合，履歴書よりも志望動機などを明確に表現することが要求される。なぜなら，企業はこのシートによって個性や入社の熱意などをチェックし，応募者を絞るからである。このため，数多く集まるシートの中で，注目し，読んでみようと思わせることが大切。氏名や住所などの基本データのほかに，企業が知りたいことを字数制限で，2～5問設問されている。

演習 Ⅱ-9　次のエントリーシートを仕上げてみよう。

［ポイント］
- 企業の意図や指示を，正確に把握する
- はっきりとした自分の意思，意見を表現する
- 読みやすい文字とわかりやすい文を書く
- 箇条書きやラインなど，表記方法を工夫する
- 鉛筆は使わない
- 面接時の質問に答えるために，コピーをしておく

［演習］　　　　　　　　エントリーシート

1．当社を志望した動機をお聞かせ下さい。また，入社した場合，何をやりたいですか。

2．あなたについてお聞かせ下さい。
　（1）学生時代にサークルなどに所属されていましたか。
　　　　サークル名・活動内容・役職など

　（2）学生時代を含め，これまでの人生を通して何に最も打ち込んできましたか。

　（3）趣味・特技・資格などについてお聞かせ下さい。
　　　　［趣味］　　　　　［特技］　　　　　［資格］　　　　　［英語力］

　（4）自己アピールをお書き下さい。

3．留学・旅行などの渡航経験があればお聞かせ下さい。

4．ほかに志望されている企業があればお聞かせ下さい。

フリガナ		生年月日　　　年　　月　　日		
お名前		（　　歳／平成　　年　4月1日現在）		
学校名	大学・短期大学・専門学校		学部	学科
現住所		電話		
連絡先		電話		

II章　就職試験と社会人入門

演習 II-10　エントリーシートによくある次の設問に答えてみよう。（考える時間も含めて）20分間で200字以内の文を考えてみよう。
　　① 学生時代に頑張ったこと
　　② 10年後の自分
　　③ 好きなことば

［ポイント］
- 演習の3つの設問のほかに，「自己PR」「志望動機」「卒論」「サークル」「職種」「入社後，何がしたいのか」などの設問が多い
- 適度な大きさ，濃さの文字を用い，読みやすい文の量を考える
- 「です・ます」調が一般的である
- テーマに対する答え（結論）があること
- 締切り日は必ず守ること

［コラム］　　　　　　　　**就職活動の方法**

項　目	内　　容	方　法
資料請求	会社研究・採用状況	はがき（手紙も可） 電子メール
訪　問	会社・先輩の訪問申し込み	電話 電子メール
エントリー	セミナー参加・受験の申し込み	電話 電子メール （資料に同封のはがき）
問い合わせ	採用予定・説明会スケジュール・資料未着	電話 （電子メールも可）
辞退・変更	参加の変更や辞退・内定辞退	電話 （内定辞退は後で手紙）
お　礼	内定連絡・訪問の後	電子メール はがき

◆電子メールでのエントリー

　エントリーはフォーマルな電子メールであることを忘れず，使用する文字やことばに注意する。アクセスしたら，短時間でエントリーが完了できるように準備しておく。
- 基本的事項は，あらかじめ作成しておく
- ミスのないように，再チェックしてから送信する
- 文字や字数制限などの，指示を守る
- メールアドレスをはっきり入力する

◆電話でのエントリー

　人気企業へのエントリーは，まずタイミングである。少しでも早く申し込むこと。また，指定時間がある場合，1～2分前にダイヤルすることも一つの方法である。
- 手元に必要なことを箇条書きにしておく
- 電話がつながったときはスピーディーに，落ち着いて話す

[例]　　　　　　　　　　　　電話エントリー

学生	「おはようございます。私は○○大学の△△と申します。セミナー参加申し込みのお電話をさせていただきました。おそれ入りますが，人事担当の方をお願いできますでしょうか。」
人事	「はい，こちら担当の××です。いつがご希望でしょうか。」
学生	「はい，よろしければ○月○日○時にお願いしたいのですが。」
人事	「わかりました。それでは○月○日○時に，直接本社6階にお越しください。」
学生	「ありがとうございます。○月○日○時に本社6階にお伺いいたします。よろしくお願いいたします。」

◆はがき・文書でのエントリー

　資料を請求し，返送されてきた文書の中に，参加希望を問う返信用はがきや書類が同封されている場合である。
- 少しでも早く，しかも美しい字で書く
- 余白がないように，熱意や決意あるいは質問などを簡潔に表わす

[コラム]　　　　　　　　　就職用文例　Ⅰ

資料請求	拝啓　○○の候，貴社ますますご隆盛のこととお喜び申し上げます。 　早速ではございますが，私は○○大学××××と申します。現在，一般事務職を目指し，就職活動を行なっております。 　この厳しい状況の中，次々に新しい分野で商品発表を行なわれ，かつ新しい力を活用される貴社に大変興味を抱き，もう少し深く勉強させていただきたいと考えております。 　つきましては，ご多忙中おそれ入りますが，会社案内等の資料がございましたらお送りいただきたく，お手紙を差し上げた次第でございます。 　お手数をおかけいたしますが，なにとぞよろしくお願い申し上げます。 　　　　　　　　　　　　　　　　　　　　　　　　　　　　　　　　敬具
お　礼	前略　ただいま会社案内を拝受いたしました。 　お忙しい中，ありがとうございました。待ちこがれていた資料だけに，一心に読みふけり，各ページからあふれる素晴らしい情報に，時のたつのも忘れております。 　説明会が待ち遠しくてなりません。本当にありがとうございました。 　　　　　　　　　　　　　　　　　　　　　　　　　　　　　　　　草々
添付状	拝啓　○○の候，貴社ますますご隆盛のこととお喜び申し上げます。 　○月○日のセミナーに参加させていただきました，○○大学△△△と申します。楽しく簡潔なご説明と，夢と希望を感じさせてくれるビデオで，貴社の内容が身近に理解できました。本当に素晴らしい企業だと目を輝かせて伺いました。 　つきましては，ぜひとも採用試験に参加させていただきたく，セミナーでご指示いただきました応募書類を送らせていただきます。よろしくご査収くださいませ。 　　　　　　　　　　　　　　　　　　　　　　　　　　　　　　　　敬具

[コラム]　　　　　　　　　就職用文例　Ⅱ

エントリーシート	① 自己PR 　「理想を絵に書いた子，理絵子」，明るく，優しく，元気な子。これが名付け親の祖父の願いであったと聞いております。 　祖父の願いどおり，中学・高校・短大と8年間のバスケットボール生活で，筋骨隆々の元気印に育ちました。 　休日には自宅の酒屋で配達を手伝って，ますます体力に磨きをかけ，声もよく通る底力のあるものとなりました。 　この体力と声は，販売には大いにプラスになることが，大学祭の模擬店で実証できました。 ② 学生時代に最も力を注いだこと 　「資格取得」，これが短大入学の動機であり，入学後も目標でした。1つでも多くの資格を取り，知識と技能を身に付けることが第一の目的ではありますが，目標があれば学ぶ力も違うことと，同じ目的に向かう友人が得られると思ったからです。結果的に2級を4つ取得し，ツーバイフォーだと「同志の友」と喜びあっております。 ③ 志望動機 　私は，ゼミで「異文化コミュニケーション」を学んでおります。主に，日本とアメリカ文化を中心とした欧米文化との相違点を調べて探求していくのですが，その中で「トイレ考」が私のテーマでした。トイレに関する習慣や生活，フェミニズムなどを通して，住まいを大きく考えるようになりました。「快適空間」をモットーに，常に新しい文化を取り入れた住まいづくりを追求されている御社で，もっと深く，住まいや文化を学びたいと思い，応募させていただきました。 ④ 好きなことば 　「まるく，まあるく，まんまるく」，祖母がいつも口にしていた人生訓です。顔も体も丸い祖母が，満面の笑みでこのことばを言うとき，人としての大きさ，暖かさが伝わってきました。私も，常に心もことばも「まるくまるく」できるように心がけております。

（4）自己分析をしてみよう

　企業にエントリーするにしても，企業訪問をするにしても，まず，自分を知ることが大切である。「自己紹介」（『プレゼンテーション演習Ⅰ』（樹村房）参照）を，就職活動という面から考えて，もう一度，自己分析をしてみよう。

> **自己分析のポイント**
> - 熱中した理由（なぜ，がんばったのか）
> - 結果，得たもの（どうなったのか）
> - 今後の予定（どうするのか）

自己分析表

　この表は，何にこだわり，どのようなことに熱中してきたかを見つけ出すものである。自分の性格や能力，将来の希望などがつかめ，面接時の「自己PR」「学生時代にがんばったこと」「どんな仕事がしたいのか」「志望動機」などの質問に対応できる考えがまとまる。

演習 Ⅱ-11　過去を振り返り，次の表を作成してみよう。

[演習]

自 己 分 析 表

	小学校	中学校	高 校	大 学
好きなもの				
スポーツ				
好きな科目				
得意な科目				
クラブ等				
アルバイト				
習い事				
主な友人				
読んだ本				

（5）企業訪問のマナーを考えてみよう

　企業訪問の目的は，求人票などの各種の資料だけで把握しきれない企業内部の様子を，自分自身の目で観察するためである。企業訪問をすることによって，企業説明会や資料のみでは得られない企業のムードや社員の様子が確かめられる。そのうえに，自分を PR するための絶好の機会ともなる。

　企業の方は，多忙な中，貴重な時間を割いてくださるのである。感謝の気持ちを忘れず，爽やかな良い印象をもってもらえるように，態度や行動には十分に留意しなければならない。

◆企業訪問の前に

- 就職活動ノート

　　志望する企業を，企業説明会や求人票，あるいはインターネットでの検索などから絞り込む。就職活動ノートを準備し作成すると，後々の参考になる。

　　活動予定を立て，企業資料などを参考にして事前に訪問先の研究をしておくことが第一歩である。

- 用意すること

　　持ち物（履歴書，筆記具，印鑑など）をチェックし，質問（企業内容，職場事情，採用状況など）を書き出しておくこと。

◆企業訪問の心得

　訪問とはいえ，就職面接試験と同じであると心がける必要がある。訪問者が企業を観察すると同様に，訪問者自身も企業から観察されているのである。訪問時に好印象を与えるためには，外見や動作，ことばづかいなど，訪問先での対応が大切な要素となる。特に，受付での挨拶や動作に，社会人としての規律があらわれるように行動することが必要である。

　採用試験やインターンシップに臨むときと同様，身だしなみのチェックシートを使って，身を引きしめて訪問するべきである。

[例] 　　　　　　　　　　就　職　ノ　ー　ト

企業名			従業員数	
住　所			電話番号	
			メールアドレス	
担当者			ホームページアドレス	
業　種			希望職種	
資本金			希望勤務地	
社長名				
主力商品			主力銀行	
入社試験	試験内容	筆記・面接・適性・その他	提出書類	1．履歴書
	受付期限			2．健康診断書
	説明会セミナー			3．成績証明書
	試験日			4．卒業見込書
	試験場			5．その他の情報（　　　　）
	携行品			
訪問予定日				
資料請求提出日			資料請求受取日	
メモ欄質問事項等				

[例] 　　　　　　　**男女共通のチェックポイント**

髪	1．髪は清潔でフケはないか	○	△	×
	2．髪の長さなど整えているか	○	△	×
	3．前髪が長すぎないか	○	△	×
顔	4．歯をきれいに磨いたか	○	△	×
	5．口臭は大丈夫か	○	△	×
	6．顔色は悪くないか	○	△	×
手	7．爪は清潔できちんと切っているか	○	△	×
服	8．袖口や襟のしみ，汚れはないか	○	△	×
	9．不要なシワはついていないか	○	△	×
	10．ほころびやほつれはないか	○	△	×
	11．ベーシックなデザインのスーツか	○	△	×
	12．落ち着いた色のスーツか	○	△	×
靴	13．靴はきちんと磨いているか	○	△	×
	14．靴のかかとがすりへっていないか	○	△	×

◆男性のチェックポイント

顔	1．髭はきちんと剃れているか	○	△	×
服	2．ネクタイが曲がっていないか	○	△	×
	3．ネクタイはスーツに合っているか	○	△	×
	4．ズボンの折り目はプレスされているか	○	△	×

◆女性のチェックポイント

顔	1．化粧は派手すぎないか	○	△	×
	2．口紅は濃すぎないか	○	△	×
手	3．マニュキアは派手すぎないか	○	△	×
服	4．ストッキングは伝線していないか	○	△	×
	5．ストッキングの色は落ち着いているか	○	△	×
	6．不必要な装飾品をつけていないか	○	△	×

3. 就職試験に挑む

　前節では、就職活動の第一段階である自己分析や資料請求のしかたについて学んだ。ここでは、第二段階の面接試験について考えてみよう。

（1）面接試験の重要性

　就職試験は筆記試験と面接試験が中心となるが、重視されるのは面接試験である。なぜ面接試験は大切なのだろうか。それは、筆記試験だけでは計り知ることのできない適性を見極めることができるからである。企業は組織として成り立っている。言い換えれば、どんなにすぐれた技能を持っていても、その力を組織のなかで活かせなければ、真に有能な人材とはいえない。また、どんなに知識が豊富でも、社会への適応力や協調性がなければ、組織の一員として働くことは困難となる。そこで面接が意味をなすのである。

　企業から見た面接のメリットは、質問に対する受け答えの内容をはじめ、話し方や態度、身だしなみなどを通じて、総合的に評定できることにある。受験者にすれば、学生時代の成績や、就職での筆記試験の出来、不出来にとどまらず、自分の長所を直接アピールできるチャンスの場といえる。

　しかし、人事担当者から「みな同じに見える」という声をよく聞く。答え方から振る舞いまで、すっかりマニュアル化されて、個性が感じられないということらしい。肝に銘じたいのは、面接は「よい答え方」を求めているのではないということである。面接担当者は、ことばの背後に見える熱意や能力、本音を読み取ろうとしている。口先だけでうまく立ち回れるほど面接は甘くない。

　資料請求や説明会・適性検査など、これまでの努力を"採用"という形で実らせるためにも、自分の身についているものを積極的に表現できるよう、対策を立て、くり返し練習を行ない、自信をもって面接試験に臨みたい。

（2）面接の種類と注意点

　面接には第一次面接（主に人事採用担当者が担当）、第二次面接（部課長など責任者が担当）、第三次面接（取締役が担当）というように段階がある。また、面接は次頁に示したように3つの種類があり、対策も異なる。それぞれの形式を押さえるだけでなく、志望する企業ではどのスタイルをとっているのかを、あらかじめチェックすることが必要である。

面接の種類

種類	形式	意義	注意点
個人面接	受験者が一人，面接担当者が一人ないし複数で行なわれる形式。 面接担当者が複数のときは，全員がさまざまな角度から質問してくる場合と，一人が質問し，その他の面接担当者が服装や態度などを，多面的にチェックしている場合とがある。	受験者一人一人をじっくり見つめようとして行なわれるものなので，内面的に踏み込んだ質問が多い。	どのような質問であれ，ゆとりをもって，笑顔で，等身大の自分を表現したい。 答え方としては，質問を出した面接担当者と会話する姿勢をもつことである。その面接担当者の方に身体を向け，視線を合わせながら話すようにする。
集団面接	受験者・面接担当者ともに複数で行なわれる形式。 受験者全員が同じ質問に対して意見を求められる場合と，異なる質問を指名された受験者が答える場合とがある。	受験者が多い場合や，一次面接などで行なわれる。 数名の受験者を比較することにより，資質や能力を見るものである。	前の人の意見につられて似たような発言をする，前の人に対抗意識を燃やして極端な発言をする，一人で延々と話し込む，などはマイナスの評価となるので避けたい。周囲に惑わされず，質問の内容を把握して，堂々と自分の意見を述べるようにする。 また，自分の発言が終わったとたんに，気を抜かないように注意することも必要。
集団討議 （グループ・ディスカッション）	複数の受験者が与えられたテーマに沿って自由討論を行なう形式。 面接担当者は討論を傍観しながら，①リーダーシップ，②協調性，③柔軟な思考力，④ユニークな視点・感性があるかどうかなどをチェックする。	個人面接や集団面接では，あらかじめ用意してきた答えを発表することができるが，集団討議では機転や柔軟性が求められる。そのため本音を見る面接として用いられることが多い。	①テーマを的確に把握すること。 ②他の受験者の意見をよく聞き，尊重する（自分の意見ばかり主張したり，他の人の意見をさえぎったりしない）。 ③討論の流れをつかむこと。 ④他の受験者との意見の共通点・相違点を明確にした上で自分の位置づけを行なう。 ⑤ただ同調しているだけの消極的な態度はマイナスである。 ⑥進行役をかってでると，リーダーシップを発揮しやすいが，自分の意見が言えなくなるデメリットもある。

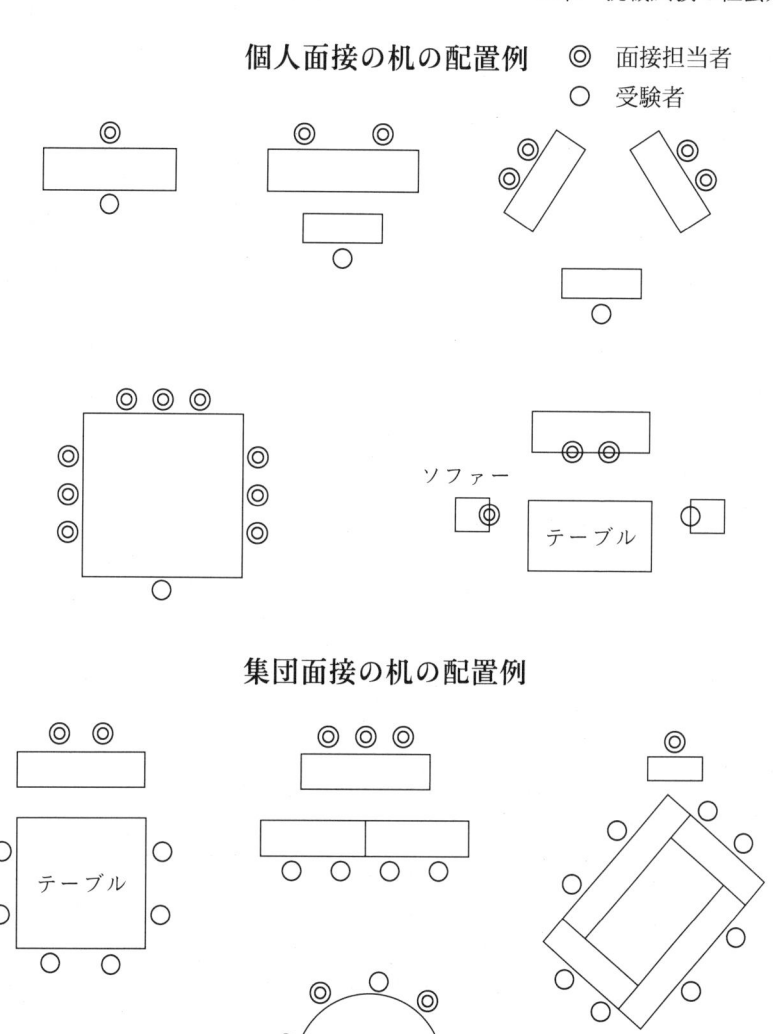

個人面接の机の配置例　　◎ 面接担当者
　　　　　　　　　　　　　　○ 受験者

集団面接の机の配置例

（3）受け答えの基本

面接で求められる受け答えの基本的な心がまえは以下のとおりである。

a. 落ち着いた態度，きびきびした振る舞い

　面接では，第一印象が大切な要素となる。好感がもてるともてないとでは，受験者の話しを聞こうとする面接担当者の意欲は変わってくる。入室から退室まで，気を抜かずに姿勢を正し，きびきびと動き，明るい健康的な印象を与えるようにしよう。また，落ち着いた態度は真面目で安心できる人柄を感じさせる。

b. 話すときは面接担当者の目を見る

　話すときの基本は，面接担当者の目を見て話すことである。視線が定まらなかったり，うつむいていたのでは，心ここにあらずで，マイナスの印象を与えてしまう。考えをまとめるときも，面接担当者の目から視線をややはずす程度が好ましい。

c. 大きな声で，はっきり話す

　大きな声は意欲や熱意が伝わる。逆に小さな声で語尾が消え入るようでは自信のなさが伝わり，話している内容まで低レベルに聞こえてしまう。また，語尾が伸びると，稚拙さやふざけた印象を与えてしまうので注意する。

d. 正しいことばをつかう

　敬語など正しいことばをつかうことは社会人の第一歩である。流行語や学生ことばは避けるようにすることも当然のことである。

e. 話す内容は簡潔にまとめ，わかりやすい表現をつかう

　面接は，限られた時間のなかで自分の想いを伝えることができるか否かで勝負が決まる。話の展開が遅かったり，同じ話をくり返したのでは，質問一つで面接が終わってしまうこともありうる。また，「はい」「いいえ」をしっかり言うことも心がけたい。これはメリハリが利くだけでなく，質問の意図をすぐに理解したことも相手に伝えることができる。

f. 以下は「べからず」

① 答えがずれている

　質問内容と答えがずれているような場合，話しを聞いていなかったのでは，と思わせる。質問内容を正しく聞いて答えれば，ずれることはない。もし，考えがまとまらないようなら，話し始める前に「考えがまとまりませんので，少々お時間をいただけますか」と尋ねるようにしたい。

② ほめすぎたり，批判的なことを言う

　「×社の商品は使うに値しませんが，御社の商品はすべてにおいて素晴らしく」などと，他社批判や志望企業の異様な持ち上げは控える。また，逆に「御社は営業販路が狭いのでは」などといった，その企業の批判もよくない。好ましいのは「このような商品があればよいと思う」といった提案型の話し方である。これは十分な業界研究や企業研究がないとできない発言なので，勤勉で熱心な印象を与えることができる。

③ 感情的になる

面接担当者の質問に過度に反応し，感情をあらわにすると，自分を律することのできない人と判断されてしまう。

面接担当者は，あえて困らせるような質問をして，その反応から人間性を見ようとすることがある。ケンカ腰になったり，落ち込んではいけない。どんな質問でも，基本は明るく誠実に答えることである。

（4）自己ＰＲの答え方

面接で必ず聞かれる質問がある。それは自己ＰＲと志望動機である。まず，自己PRについてどのように答えればよいのかを考えてみよう。

a．ポイント

① 冷静に自己分析している

自己ＰＲが自慢話になったり，いちいち謙遜(けんそん)して言ったりするとイヤミになるので注意が必要である。また，自己ＰＲの場で長所しか言わない人がいるが，それでは客観性に欠ける。面接担当者が本当に知りたいのは，欠けている点（短所）をいかに自覚し，それをどのように補おうとしているかといった点である。積極的に自分を売り込む必要はあるが，客観的に自分を見る目も必要である。

② 具体的なエピソードが盛り込まれている

情景が思い浮かぶような話しをしたい。たとえば，「根気強さ」を売り込みたいなら，どのようなときにそれが発揮できるのかを，具体例を交えて話すと説得力が出る。また，具体例は大学に入ってから起こったエピソードが好ましい。大学以前の例を出してしまうと，大学時代に何をしていたのかが不明瞭になってしまうからである。

③ 言いたいことは一つに絞る

自己ＰＲであれもこれも話してしまうと，かえって印象や魅力がぼやけてしまう。自分の一番訴えたいところを話すようにしよう。

④ 複数の自己ＰＲを考えておく

企業によっては，「1分間で自己ＰＲをしてください」「あなたを動物にたとえると何ですか」と，時間や内容に制限を設けて質問をしてくることがある。そのとき，あわてなくてもすむように，バリエーションをもたせた自己紹介を考えておきたい。

b. ケース・スタディ

Q：あなたの長所と短所はどこですか？

良い例	悪い例
長所は一生懸命なところです。それは見方を変えると，自分を犠牲にしてしまう短所といえるかもしれません。 　昨年，家庭教師のアルバイトをしていたときのことです。生徒は翌日から期末試験で，しかも苦手な科目だと聞いていました。ところが，タイミング悪く台風が近づいていたのです。でも，いつも面倒をみている彼女のことが気がかりで台風をおして出向きました。結果，成績はよかったようです。 　ただ，私は家に帰るのに大変苦労しました。本来 30 分で帰れるところが 2 時間もかかり，帰ったときには傘も飛ばされ，びしょぬれでした。 　入社しましたら，持ち前の一生懸命さを武器にしつつ，困ったことがあれば先輩や上司と相談しながら，仕事を進めていきたいと思っております。 【アドバイス】 　長所と短所をそれぞれ挙げるより，長所の裏返しとして短所を見ると客観性が出る。一つのエピソードに絞りこまれていて，わかりやすい話となっている。また，長所・短所を企業での働き方につなげているので，前向きに努力する姿勢がうかがえる。	私の長所は根気強いところです。幼い頃，身体が弱く，よく病院通いをしていました。それを心配した両親が水泳を習ったらどうかと勧めてくれました。そのおかげで，すっかり元気になり，根性（じょう）がつきました。 　中学生のときから，ずっと水泳部に所属しています。中学ではキャプテンを務め，リーダーシップがついたと思います。 　また，高校時代はインターハイに出場しました。授業が終わってからの練習はつらかったですが，その結果，根性（じょう）がついたと思っています。 【アドバイス】 　長所を言うことに気がとられ，短所が抜けている。また，ある意味で，企業はその人の人生を購入するために面接を行なっている。そのとき，途中でやめてしまうかもしれないと思わせる，身体が弱いという短所は（現在はそうでなくても）あえて言うことではない。具体例は一つ，エピソードは大学時代のものが原則である。

（5）志望動機の答え方

次に志望動機の答え方について考えてみよう。

a．ポイント

① なぜその業種なのか，また，なぜその企業なのか

いかにその企業を知っているかということである。そのためには，企業研究を徹底して行なわなければならない。その企業の経営理念や技術革新，顧客サービスなどの情報を集め，何に賛同・期待し，自分の技能や能力がどう活かせるか，といったことを考える必要がある。この作業をしていかないと，マニュアルどおりの答えしか返せなくなってしまう。

② 独自の職業観をもっているか

いかに自分の適性を知っているかということである。自分の歩いてきた人生や性格を振り返りながら，何のために，誰のために，どのように，働きたいかを徹底して考えよう。

③ 受験者の今までの経験や意識のなかに，志望するだけの理由があるか

その企業の一員として自分を位置づけた視点があるかということである。つまり，その人の価値観や経験と，その企業の方向性や提供している商品，サービスがつながったとき，志望動機は初めて語るに足るものとなることを忘れてはならない。

b．ケース・スタディ

Q：なぜ，当社を志望しましたか？

良い例	悪い例
大学時代，ボランティア活動で老人施設をよく回りました。そのとき，耳にしたことは「食べることだけが楽しみなのに，歯がなくなると何を食べてもおいしくない」というものでした。　ある日，「年寄りでもおいしく食べられるおやつを作ってほしい」と，一人のおばあさんから言われ，それがきっかけとなって老人用のおやつを作れないものかと思うようにな	御社は業界でもトップクラスの成長力で，技術開発への投資には先見性を感じさせられます。　また，OBである○○さんは，私の大学の先輩ですが，先日お会いしたときにも「若い社員にもチャンスを与えてくれる，可能性のある企業だ」とおっしゃっていました。　そのような御社に私は向いていると思いますし，積極的に働きたいと思っています。

りました。

　大学では栄養学を専攻しており，卒論も「老人と栄養」に焦点をあてて取り組んでいます。

　数多い食品会社のなかで，特に離乳食や病人食の開発を中心に取り組んでいらっしゃる御社で，お年寄りに楽しんで食べていただけるおやつを開発し，高齢化社会のお役に立つことができればと考えております。

【アドバイス】

　ボランティア活動という経験を土台とし，問題意識や職業意識が芽生えたこと，また，それを発展させた卒論に取り組んでいることなどから，真摯な姿勢で大学生活を送っている姿が垣間見える。仕事を任せても大丈夫と面接担当者が安心できる話の展開である。

【アドバイス】

　職場でどのように働きたいのかが全く見えない。企業の「成長力」や「先見性」そのものが志望動機になってしまっていることもよくない。また，先輩の情報だけでなく，自分で調べた情報を自分なりに加工して伝えないと，稚拙な印象を与え，研究不足であることを露呈しているようなものである。

（6）面接での評価方法

　面接の評価項目は，企業によって欲しい人材のタイプが異なるため，各企業ともに「面接評定表」があり，それに基づいて採点されるのが一般的である。

　チェック項目としては，「態度」「表現力」「積極性」「協調性」「知識」などが主なもので，ほかに「思考力」や「将来性」「精神力」などの項目を設けているところもある。

　ランクは，3段階〜5段階評価（たとえば，ぜひ採用したい・採用してもよい・保留・不採用など）である。どのように選考するかは，企業によって違いがあるが，最高評価（たとえばABCD評価ならA評価）の多い人から選出していくのが一般的である。

　総合点が高ければ，当然，評価は高い。しかし，これらの項目はすべて異なる資質であるため，単純に総得点だけで選んでいるわけでもない。それだけで選んでしまうと，すべてに平均的な受験者を選んでしまうことにもなりかねないからである。「おとなしいがやる気は伝わる」「生意気なところもあるが，打てば響く答えが返る」など，"なんとなく気になる受験者"は，"次の面接でもう一度会ってみよう"とマークされ，通るケースが多い。だからこそ，面接では言いたいことを伝える姿勢が必要となるのである。

面接評定表の一例

年　　月　　日			面接担当者	
氏名		生年月日		年齢
大学		学部		学科
評価領域	評価項目	着眼点	評価	備考・コメント
外見	身だしなみ	清潔感		
	顔つき	健康的		
	姿勢	歩き方，着席時		
態度	振る舞い	きびきび，落ち着き		
	表情	明るさ，さわやかさ		
	視線	熱意		
	あいさつ	礼儀正しさ，けじめ		
言葉づかい	用語	敬語		
	話し方	声の大きさ，明るさ		
理解力	質問の意図を把握している			
表現力	自分のことばでわかりやすく表現する			
判断力	企業人としてふさわしい判断力がある			
積極性	物事を積極的にとらえ，取り組むことができる			
協調性	周りと協調できる			
入社意欲	熱意があり，入社意欲が高い			
総合評定　　　A ぜひ採用したい　　B 採用してもよい　　C 他の状況を見て採用してもよい　　D 採用しない方がよい　　E 採用してはいけない				

演習 Ⅱ-12　次は面接で聞かれることである。あなたの考えをまとめ，いずれか一つを発表してみよう。

☆　導入質問

- 今朝は何時に起きましたか。
- 今朝の朝刊に目を通しましたか。
- 当社までの交通手段と所要時間はどれくらいですか。
- 待っている間，どんな気持ちでしたか。

☆　受験者に関する質問

　・アルバイトはしましたか。

　・学生時代に熱中したことはなんですか。

　・あなたは友達からどういう人間だと思われていますか。

　・最近，一番感動したこと（悲しかったこと，失敗したことなど）は何ですか。

　・最近，関心をもっていることは何ですか。

　・趣味は何ですか。

☆　仕事に関する質問

　・どんな仕事をしたいですか。

　・当社のどこにひかれましたか。

　・当社に対してどんなイメージをもっていますか。

　・どんな社員になりたいですか。

　・企業セミナーの感想はどうですか。

　・１カ月に〇時間くらい残業がありますが，よろしいですか。

　・交替勤務ですが，通勤はどうですか。

　・仕事は立って（座って）することが多くなりますが，大丈夫ですか。

　・初対面の人の顔を覚えるのは早い方ですか。

　・なぜ，Ｕターン（帰郷して就識すること）を希望したのですか。

　・なぜ，当社のような小企業を志望したのですか。

演習 Ⅱ - 13　上記の質問から１つ選んで，その質問にどのように答えるのが最適か。グループで話し合いをしてみよう。

III章 企業の行事とミーティング

　プレゼンテーションは，オフィスライフのいろいろな場面で行なわれるが，ここでは，まずミーティングを会社の行事という視点から考えてみよう。

1. ミーティングの意義

（1）ミーティングとは

　ミーティングには，広い意味で考えると，仲のよい友達との集まりから，企業における会議・会合までいろいろのものがある。会議は特定の議題について審議，議決を行なうことを目的とするもので，社内会議と社外会議がある。社内会議には，株主総会，取締役会，常務会，部長会，委員会，打ち合わせ会などがあり，その他には，社外会議がある。いずれも，集団コミュニケーションの形態をとる。

　この章では，会社の行事の場面をいくつか想定する。朝礼や会議冒頭でのあいさつ，パーティーにおけるあいさつなどを考え，そこで求められるプレゼンテーションの方法と，QCサークル活動と呼ばれるミーティングについてもふれる。

（2）ミーティングの役割

　情報量の多い現代では，ミーティング時に，相手に強い印象，それも，強烈な好印象を与えなければ，自分の意見や考え方を理解してもらうのはむずかしい。そのための説得の手段としてプレゼンテーションがある。プレゼンテーションからミーティングにおける問題解決法が発見されたり，連絡が密になったり，コミュニケーションがスムーズに運ぶことも多い。

（3）ミーティングにおける「ホウ・レン・ソウ」を大切にしよう

　ビジネス活動の基礎は「ホウ・レン・ソウ」にあるといわれるが，「ホウ・レン・ソウ」とは，ホウは報告，レンは連絡，ソウは相談を指す。仕事を能率的・効率的に推し進めていくには，まず上司から仕事の指示を受け，迅速・正確に仕事をする。このとき，組織内の相互の連絡や，同僚・上司の協力を得るための相談は欠かすことができない。そして仕

事が終わると，結果を上司に報告して次の仕事に備えるのである。

会議に出席する場合の報告・連絡・相談 （福田健『会議ミーティングの上手なやり方』参照）
　① 上司と相談して発言内容を相談・確認する
　② 同僚・後輩に会議中の留守の連絡を頼む
　③ 会議終了後は，会議の結果報告を上司と関係者に報告する

報告が遅れたり，間違っていたり，忘れたりすると直ちに仕事に支障をきたし，周囲の人たちとの協力関係にヒビが入る。仕事はどれをとっても，ホウ・レン・ソウがついてまわることを忘れないでほしい。

報告上手になるためには，事実を，結論→理由・経過の順に報告し，その事実が正確かどうかが重要である。

事実の構成要素は，5W2H（場所　Where，事柄　What，日時　When，人　Who，目的　Why，方法　How，いくらかかる　How much）である。

――コラム――

報告上手になるためのポイント

1. 誰に報告するか
　　直接仕事の指示を受けた人に報告をする
2. 時期を考えて
　　仕事終了後すぐに
　　途中であっても，状況の変化が見られたり，新情報が入ってきたとき
　　長くかかる仕事は，朝礼時と午後，退社時と，まめに報告する
3. 結果を先に報告
　　指示した人は，まず結果を聞きたがっている
　　良い結果も悪い結果も報告し，次に，経過を説明する
4. 客観的事実と意見を分ける
　　事実をありのままに報告し，事実と自分の意見とは区別する
　　感情的になって推論，断定をしない
5. 項目を整理して短いセンテンス
　　要点を5W2Hに照らして整理する

演習 Ⅲ-1

会社の秋の運動会の幹事になり、このところ昼休みは毎日、他の部署の幹事たちと話し合いをしている。そのようなとき、上司から「運動会のプログラムはどうなっているか？」と尋ねられた。話し合いの結果をどのように報告するか、考えてみよう。

◇報告上手になるためのポイントを意識して考える

2. 良い会議，悪い会議

良い会議と悪い会議の比較

良い会議	悪い会議
○時間厳守	○話が出ない
○あいさつ（形式）は短く，話し合いの時間を十分にとる	○メンバーが同じ傾向で，多様な考えが出ない
○出席者全員が発言する。全員参加，意見が多い	○役職や人間関係の上下が会議に出る
○意見が出やすい雰囲気。自由に発言できる雰囲気	○時間が不適当。長すぎる。短すぎる
○十分に意見が言える	○開始，終了時間がルーズ
○本音の会議	○同じ人ばかりが話す。発言者が決まってしまう
○発言は短く，要点を得た発言。他の人にわかるように説明する	○自己主張で終わる
○意見を押しつけない	○人の話しを聞かないで，割り込んで話しをする
○横道にそれない	○私語がうるさい
○ユーモアがある	○記録をとっていない会議
○感情的にならない	○司会者だけが話している
○聞き上手	○司会者に技量がない（メンバーの様子が目に入らない）
○建設的な意見を出し合う。前向きな意見が出る	○意見が出しにくい雰囲気
○目的／テーマがはっきりしていて，的を射ている	○反対の意見を言いにくい
○会議の司会者が大切	○意見に対して，反対意見を言い返す，批判ばかりの会議
○進行がスムーズ	○話しの内容がまとまらず，何を言いたいのかわからない発言がある
○みんなの意見を吸い上げる	○目的からはずれた話しが多い
○司会者がしゃべりすぎない	○テーマが多すぎて集約できない
○眠くならない。独演会がない	○事前に会議の議題が伝わっていない
○事前の準備ができている	○準備不足
○議題を事前に勉強する	○主催者側の説明だけで終わってしまう。主催者の一方的な会議
○結論が出た。納得できない結論，まとめははっきりと	○前置きが長い。わけのわからない挨拶が多い
	○「長いものに巻かれろ」の会議

Ⅲ章　会社の行事とミーティング　53

○意見が尊重される	○結論が決まっている会議
○自分の存在意識が確認できる	○事前に根回しをした会議
○なごやか。いい雰囲気	○個人攻撃
○終わった時，充実感がある。ここちよい	○会議で決議されたことが次回には変更されている（本音と建前が違う）
○もう一度同じメンバーでやってみたいと思わせるような会議／人選	○会議中に言わないで，後になって文句を言う
○コーヒーブレイクがある	○決定権が誰にあるかはっきりしない会議
○男女が混ざっていた方がよい	○会議中の喫煙
○上下関係がない	○欠席者が多い
○タバコを吸わない	○動員されてしょうがなく来ている人が多い
○プロセス（結果に至る過程），コンセンサスを大切にしている	
○資料が充実している	
○記録を残す	

(福永弘之『プレゼンテーション概論及び演習』樹村房　p.118, 119)

演習 Ⅲ-2　良い会議と悪い会議の比較を参考に，効果的な会議とはどのような会議か，項目を作ってまとめてみよう。

［例］	時間・場所・雰囲気・司会者・資料など

3. 社内会議

① 社内会議における表現

　できるだけ肯定的にする。

「おっしゃる方法ではできません。」⇨「予算案を修正すればできます。」

「人手が足りません。」⇨「派遣の方をもう一人増やしたら可能性はあります。」

② 司会者（議長）とのかかわり

　会議の司会を務める人と，普段からよくコミュニケーションをとり，こちらの言い分を理解してもらえるようにしておくことが大切である。

③ 時間配分

　効率的に話す。限られた時間の中で会議の目的が達成されるようにしなければならないから，不必要な，あいまいな表現は省く。

「経費が削減されることと思われます。」⇨「経費が削減されます。」

「たぶん昨年は……」⇨「昨年は……」

「おそらく5割くらいの増加……」⇨「今年上半期のデータによれば5割アップ……」

④ 机の配置

　話し手として自由に席が取れる場合は，出席者の反応を見ることができるので全体を見渡せる席が望ましい。

⑤ 部屋の広さ

　多くの場合は，出席者の人数によって広さは変わる。ただし，人数が少なくても，隣りの人と座る距離をおけるように広い部屋の方が良い場合がある。相手に聞こえるように大きな声になるので，熱意をもって取り組んでいるという印象を与えるし，相手側も聞こうとして傾聴の状況をつくり出すことに効果的である。

⑥ 反　論

　他の人が発言した直後に反論するということは，決して有効な方法とはいえない。なぜなら，反論された人の感情を害するからである。どんなに温厚な人でも，反論されるということは愉快なことではない。反対意見を述べるタイミングと表現のしかたが大切である。

「今の○○さんの意見には反対です。」⇨「△△の件ですが，先ほどの○○さんのご意見はたいへんすばらしい斬新なものであると思います。ただ，……の点については検討が必要と考えます。」

（福永弘之『プレゼンテーション概論及び演習』樹村房　p.119，120参照）

4．QC サークル活動でのプレゼンテーションを考える

　ここでは，QC サークル活動の発表をとおしてミーティングにおけるプレゼンテーションについて考えてみる。

（1）QC サークル

　QC サークルとは，「同じ職場で品質管理活動を自主的に行なう小グループが品質管理活動の一環として QC 手法を活用して職場の改善を図るために行なう活動」と定義されている。

　QC とは，quality control の略で，品質管理を意味する。この場合，品質とは，品物それ自体だけでなく，サービスや仕事の質などを指す。QC について日本工業規格は「買い手の要求に合った品質の物品またはサービスを経済的につくり出すための手段の体系」（JIS Z 8101）と定義している。

　たとえば，ホテルにおいては，宿泊料，フロントでの対応（チェックインする際の待ち時間など），部屋までの案内と部屋の設備の説明，空調や枕の具合など，ホテルのサービスの質を測るものである。

　QC サークルは，このような品質を管理する同じ職場における自主的な活動をする小グループであり，その活動はメンバーが自己啓発・相互啓発を行ないながら継続的に実施されるものである。したがって，従業員すなわちメンバーが企業のためにお互いの人間性を尊重しつつ生き甲斐のある職場づくりを目指すものである。具体的にはどのように進められるか，みてみよう。

　同じ職場における活動であるから，はじめは形式などにとらわれず，気の合った仲間などと自由にリラックスして自然体で行なうことが重要である。これをさらに進めていくならば，どのようにすべきか，次に考える。

（2）メンバーを集めよう

　QC サークル活動は，まずサークルを作ること，メンバーを集めることから始まる。メンバーは活動を"自主的に行なう"ものであるから，メンバーの自由意思に基づく参加が原則であり，QC サークル活動はその部署ごとにすることも可能であるが，できれば全社的に実施することが望まれるので，積極的自主的参加となるようなメンバー集めをしなければならない。誘い，すなわちサークルの中心となる者のプレゼンテーション能力がここでものをいうことになる。

もし，あなたがメンバーを集めなければならないとしたら，何に最も注意をすべきか，考えてみよう。

（3）テーマを選ぼう

メンバーが揃ったら，次に大事なことは，テーマを選ぶということである。一口にテーマを選ぶといっても，それは難しい作業である。テーマを選ぶという作業の第1段階として，まず体験談から入ってみてはどうだろうか？「このようなことをしたら，このようにうまくいった」など，メンバーみんなで出し合い，その中からテーマを決めていくのである。

ここで，企業における実際のQCサークル活動を想定しながら，アルバイトなどで体験したことをテーマにしてみよう。

アルバイトの内容はなにか
どこを**工夫**したか
工夫した結果どうであったか

（4）発表しよう

QCサークル活動において，発表の際あるいは活動をまとめる時に有効な手段として，一般にQC手法と呼ばれるものがある。これは，QCサークル活動に参加したメンバー全員が自由に発言し合うことが重要であるため，その過程を適切にまとめることができる表現形式である。いろいろな種類があるので，発表の目的に合ったものが選択できるようにしよう。ここでは，代表的なものを例としてあげておく。

［例］　特性要因図（フィッシュボーン）

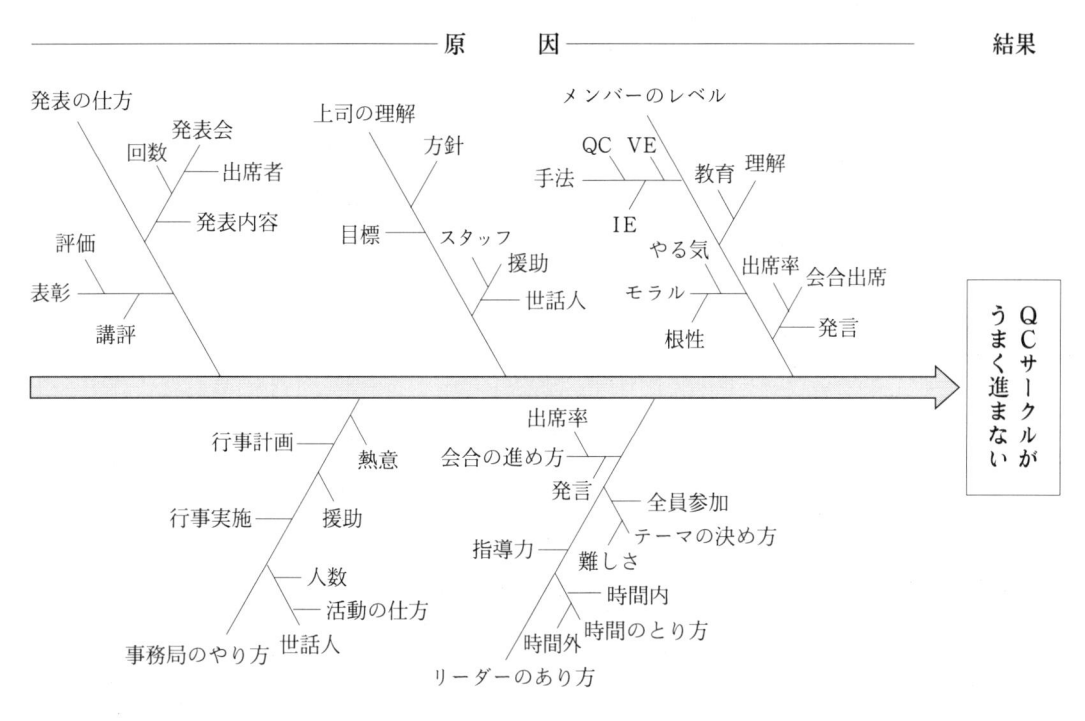

（石原勝吉ほか『やさしい QC 七つ道具　現場の力を伸ばすために』p.59）

（5）QC サークル活動の進め方

　話し合いをする時には必ず，話しを進める人すなわち進行役が必要になる。進行役が特に注意しなければならないことは，**発言をさえぎらない**ことである。

　メンバーが自由に発言できるようにするのが進行役の役目であるから，参加者すべてが自由に発言できるように配慮しなければならない。話しをしていない人や，意見を述べていない人はいないか，特定の人しか発言していないのではないか，などと注意しなければならない。

　QC サークル活動を含めて**ミーティングのプレゼンテーションの進め方**で重要なことはタイム・マネジメントである。すなわちミーティングや会議の場合は，議事日程表（agenda），たとえば QC サークル活動の場合はタイムテーブルを作成し，それに従って運営していく。

```
         QC活動の活発化について
17：10              3階研修室
17：10－17：30      事例発表　営業課　松村氏
17：30－17：50      質疑応答
17：50－18：00      休憩
18：00－19：00      意見交換・まとめ
19：00              終了
```

（6） サークル活動の評価

演習 Ⅲ-3　メンバーの発表を評価してみよう。

```
        テーマの選び方は適切であったか
        QC手法を活用していたか
        他のメンバーの反応はどうであったか
        総合的にみて良かったと思うか
```

　メンバーの発表の評価をしたら，それを発表しよう。サークル活動の仲間に対する評価を述べる場合，大事なことは，**ほめること**である。どんなに些細なことと思われるようなことでも，ほめられれば人はうれしいものである。この後に述べるあなたの意見，たとえば「このようにすればよいと思う。」という提案もすんなり，メンバーの頭の中へ入る。

演習 Ⅲ-4　自分のサークル活動における評価をしてみよう。

テーマは他のメンバーの関心を集めることができたか（はい		いいえ）
質問に正確に答えることができたか　　　　　　　　（はい		いいえ）
QC手法などをうまく使えたか　　　　　　　　　　（はい		いいえ）
活動に積極的に参加できたか　　　　　　　　　　　（はい		いいえ）
総合的にみてよかったか　　　　　　　　　　　　　（はい		いいえ）

5．企業の年間行事

（ある企業の）年間行事予定表

	上旬	中旬	下旬
4 月	1日　入社式 決算案作成	12日　経営会議	予算・予算案確定 29日　経営会議 29日　社員説明会（大阪）
5 月	2日　社員説明会（本社） 13年度目標設定結果 提出依頼	13日　経営会議 14日　取締役会（決算）	14年度目標設定提出 賞与・給与考課集計 26日　経営会議
6 月	7日　夏期賞与支給	10日　経営会議	25日　株主総会 25日　経営会議
7 月		12日　経営会議	25日　経営会議
8 月			25日　経営会議
9 月		12日　経営会議	25日　経営会議
10 月	8日　経営会議 9日　創立記念式典 10日　創立記念日	創業祭り	22日　経営会議 22日　取締役会 22日　社員説明会
11 月	1日　グループの日	13日　経営会議	27日　経営会議
12 月	4日　冬期賞与支給	12日　経営会議	25日　経営会議 28日　納会
1 月	4日　仕事始め・社長新 　　　年挨拶		18日　グループ懇親会 21日　経営会議 21日　取締役会
2 月		12日　経営会議	26日　経営会議 各部門予算案作成 各部門中期計画見直し
3 月		9日　経営会議 予算案集計 中期計画集計	24日　経営会議

（1）入 社 式

　入社式は，会社の一員として正式に認められる書面（辞令書）を受け取り，会社の一員となるための儀式である。式次第は，下記のような順に行なわれることが多い。

```
            式 次 第
   開　会
      1．開会の辞
      2．社長あいさつ
      3．辞令交付
      4．新入社員代表　入社のことば
      5．先輩祝辞
      6．役員・出席者紹介
      7．社歌合唱
      8．閉会の辞
   閉　会
```

　次は，あるメーカーの入社式での社長のあいさつである。
　　「科学は発展しても，人の心は変わらない。やる気でやる人が伸びていく。まず，自分のためにがんばる。それが会社のためになり，それがまた自分自身に返ってくる。第一に，体を大切にし，次に当社の環境に慣れ，それから各自の能力を発揮してほしい。」
と訓話した。次に続く，専務のあいさつは，
　　「……21世紀の企業環境は厳しい。勝ち残るためにも信頼を得なければならない。信用は一方通行であるが，信頼は双方の信用が必要。相手を信用し，相手から信用されて初めて，信頼ということになる。信頼される人になってほしい。……」
という歓迎のことばであった。これを受けて新入社員代表は，
　　「……本日から関西美術印刷の社員として誇りと責任を自覚し，『信頼される製品づくり』という当社経営理念を胸にいだき，絶えずチャレンジ精神をもって職務を遂行し，社業の発展に努めて，社会に貢献します。……」
と力強く決意のことばを述べた。
　このように，新入社員代表の入社のことばは，学生から社会人になる決意表明である。役員一同が会する場面で緊張するであろうが，学生から社会人になる決意が素直に出せていれば，形にこだわることはない。できることなら，当日の社長のあいさつ（祝辞・訓示）を受けた一文を入れると，よりすばらしい新入社員代表の誓いのことばとなるだろう。

（2）新入社員研修

入社式の翌日から，2，3日から2週間にわたって新入社員研修が実施され，その後各部署に配属される。新入社員に対する研修のねらいは4つある。
① 会社の方針（経営方針）・諸規定などを伝える
② 社会人としての心構えを確立させる
③ 社会人としての常識（マナー・エチケット・職場のルールなど）を身につけさせる
④ 自己啓発への動機づけを行なう

新入社員は，以上の4点を研修期間中にしっかりと習得し，職場・上司・先輩の期待を把握して「やる気」を態度とことばで表わしながら，「しっかりやろう」という気持ちを忘れずに明日からの仕事をスタートさせるのである。

新入社員研修プログラムの例

	第1日	第2日
9：00 12：00	1．オリエンテーション 　(1) 研修のねらいと進め方 　(2) 自己紹介 2．働く上での心構え 　(1) 新入社員に期待されていること 　(2) 企業が求める新人の要件について 　　（グループ討議）	5．職場の人間関係 　(1) 組織内部・外部の人間関係 　(2) チームワークの意義と重要性 　　（グループ討議） 6．仕事の進め方 　(1) PDSサイクルと5W2Hについて 　(2) 仕事の手順 　(3) 仕事のホウ・レン・ソウ 　　指示・命令の受け方と報告の仕方（演習） 　(4) 電話のかけ方・受け方（演習） 　(5) クレーム対応について（演習）
13：00 17：00	3．職場のマナー・エチケット 　(1) 印象の重要性 　　・あいさつ　・身だしなみ 　　・表情　　　・立ち居振舞い 　　・言葉・言葉づかい 　(2) 名刺交換（演習） 4．職場の人間関係 　(1) 組織内部・外部の人間関係 　(2) チームワークの意義と重要性 　　（グループ討議）	7．職場のコミュニケーション 　(1) コミュニケーションの意義と方法 　(2) 効果的なコミュニケーションのとりかた 　(3) プレゼンテーション（演習） 8．自己啓発 　(1) 自己啓発とは 　(2) 自己啓発の目標設定 9．研修会を振り返って

（3）朝　　礼

　朝一番，社員の気持ちを高め，的確な指示を与えるのが朝礼におけるスピーチの目的である。朝礼のスピーチがイキイキしたものであれば，「さぁ，今日も一日がんばろう」と社内の雰囲気，社員の意識は明らかに変化する。企業によっては，管理職が朝礼のスピーチを担当するところもあるが，社員が交代で朝礼のスピーチに当たるところも最近多くなった。

　朝礼におけるスピーチのスタイルとしては，次の３つが挙げられる。

（村岡正雄『朝礼の話材303例』参照）

①［管理職としてのスピーチ］

　部・課を代表して，部・課員に語りかけるスピーチである。管理職の立場から経営の基本方針の再確認や経営計画の中間報告，業務目標（売上）達成に向けて呼びかけるもので，提案型，叱咤激励型，訴え型，元気づけ型のタイプに分けられる。

　基本は，わかりやすいことばで，優しい語りかけを心がけるが，堂々とした態度で，自信に満ちた話し方が求められる。ときには，奮起をうながす話し方も必要となるが，過度の叱責は役に立たない。

②［職業人としての自覚・仕事の効率化を提言するスピーチ］

　職業人としての自覚を促し，仕事に取り組む姿勢を示すスピーチである。わかりやすいことばで，優しく語りかける話し方を心がけなければならないが，お説教がましくなったり，押し付けがましくならないようにする。職業人としての自覚を喚起させるには，話の順序を踏みながら，励まし，説得し，聞き手の心深いところで奮起させるのが一番効果的である。

　また，仕事の効率化を提言するスピーチも，職業人としてのプロ意識を高めるもので，仕事上のルールやコツの要点を分かりやすく具体的に話すことが大切である。特に，話の焦点がぼやけないように，テーマは１つに絞る。

③［仕事の連絡・報告としてのスピーチ］

　朝礼で最も多く見られるパターンである。

　仕事の指示・連絡・報告などで，簡潔，正確に分かりやすく伝えることを目的とする。仕事の始まりであるので，そのまま気持ちよく，きびきびと仕事にとりかかれるように，元気の出る歯切れのよい話し方を心がける。

（4）株主総会

　株式会社の機関で，まず第一にあげられるのが株主総会である。毎年必ず開催される「定時株主総会」と，必要に応じて開かれる「臨時株主総会」がある。株式会社においての最高の決定機関で，出資者の株主によって構成されている。ここでは以下のようなことが決議される。（東福賢ほか『社会人のパスポート』参照）

① 定款の変更や合併・解散などの会社の重要な変動の決議
② 株主配当などの株主にとって重要な利益に関する決議
③ 取締役や監査役の専任・解任に関する決議
④ 決算書類の承認

　株主総会は株式会社における最も重要な仕事の一つである。株主総会での受付の仕事などを指示されたときは，会社を代表して株主を受付・応対するのであるから，身だしなみを整え，ことばづかいに気をつけて，ていねいな立ち居振舞いを心がけるべきである。

平成14年4月22日

第30回定時株主総会招集について

株主各位

　　　　　　　　　　　　　　　　　　　　　　　　　羽曳野電鉄株式会社

第30回定時株主総会を下案により招集したい。

　　　　　　　　　　　　　　記

　1．日時　平成14年5月22日（水）午前10時

　2．場所　大阪府羽曳野市学園前〇丁目1－2
　　　　　　羽曳野電鉄株式会社　3階　役員会議室

　3．会議の目的事項

　報告事項　第30期（平成13年4月～平成14年3月）
　　　　　　営業報告書の報告について

　決議事項
　　第1号議案　第30期貸借対照表，損益計算書，利益金処分案の承認について
　　第2号議案　取締役全員任期満了につき取締役14名選任について
　　第3号議案　監査役全員任期満了につき監査役2名選任について

　　　　　　　　　　　　　　　　　　　　　　　　　　　　　　　以上

（5） 1分間スピーチ

　仕事をする上で，自分の考えを短くまとめて話すスピーチである。組織運営をスムーズにするために，社員に会社の経営方針や目標を伝え，仕事への取り組みを示すものである。ミーティング冒頭では，何を話すかは出席者の大きな関心事でもあるので，事前にしっかりと準備をしてミーティングに臨まなければならない。
想定されるスピーチ場面はいろいろあるが，次に例を挙げる。
　　① 部下に与える仕事の指示
　　② 部下の報告に対するコメント
　　③ 取引先の人との商談
　　④ 会議における発言
　　⑤ 司会者としての会議のリード
　　⑥ 上司の意向を部下に伝えるためのもの
　　⑦ 部下の仕事や進行状況を上司に伝えるためのもの
　　⑧ 企画立案の発表
　コミュニケーションにより良好な人間関係を保ち，効率よく仕事をしていくには，短時間で，自分の考えを表現していかなければならない。

（6） 異業種間交流会，記念パーティー，懇親会

　異業種間交流会や記念パーティー，懇親会などの席上でのスピーチである。あらかじめ予定が立つスピーチもあるが，突然指名されて，心づもりもないのに，何か話さなければならないときもある。このようなときに後ずさりをしては，その場の雰囲気を壊すことにもなりかねない。決してあわてないことである。……まず立ち上がり，会場全体を見渡してから元気よくあいさつから入るとよい。「みなさんこんにちは，大黒商事の中山です。」このときに，気の利いたことを話そうなどととは考えたりせずに，自分らしさをわかってもらえるようなテーマを探すとよいだろう。

　社会に出て働くようになると，突然の指名を受けて話す場面も増えてくる。そのようなときに備えて，日頃から話しの材料となるような事柄を集めておくとよい。新聞，雑誌，業界紙，図書，テレビのニュースなどから集めてもよいし，通学，通勤途上の駅や車窓から見えた風景，光景などに自分の考えをプラスして話すのもよい。

(7) 他社訪問

社員として，他社を訪問するときのチェックポイントを考えてみよう。
① 訪問する前に，訪問の目的をつかんでおく。名刺，カタログ，パンフレット，サンプルなどの資料，ノート型パソコンやアダプターもちゃんと整えているか，チェックしてから出かける。
② 訪問先の正確な社名，部署名，所在地，電話番号をメモし，訪問先までの所要時間，交通路などを調べ，時間の余裕を取ること。
③ 訪問先の受付でどのように振る舞うか，考えておく。

訪問先の受付の対応が悪いときは，自分の姿の投影だと考えてほしい。

「人のふり見て我がふり直せ」つまり相手は鏡なのである。自分から相手に働きかけたことが，相手から自分に返ってくる。社会人としてすべての言動に責任をもって行動しなくてはならない。相手に不快感を与えない立ち居振舞い，気くばりなどを周囲はよく見ている。特に受付では，毎日，何人も応対しているので，人を見る目は確かである。

訪問したら，まずあいさつをして，名刺交換をして，社名と名前を名乗る。いきなり商談に入るのではなく，時候のあいさつや自己紹介をして，心のバリアーを取り除いて，打ち解けた雰囲気づくりをしてから商談に入る。

受 付
コートは玄関前で脱ぐ
取り次ぎは部下が頼む

私，○○商事の○○です。いつもお世話になっております。本日，3時に○○営業部長様にお約束をいただいております。

いただきます

どうぞ

応接室
担当者が入ってきたら立ち上がり，勧められてから座る。
お茶は勧められてからいただく

退 室
用件がすんだら立ってあいさつをしてから退室する。
コートは玄関を出てから着る

本日は
お忙しいところ
お時間を
とっていただき
ありがとう
ございました。

6. ミーティングスピーチをやってみよう

（1）朝礼スピーチ

　朝礼は長くて10分までという時間的な制約がある。この中で，最大の効果をもたらす構成を考えなければならない。
　次は，ある百貨店の朝礼である。
　開店20分前に，各階のエレベーター前に集合して，マネジャーが「みなさん，おはようございます」とあいさつをしてから，天候や新聞を賑わすトピックスにふれる。
　次に，これまでの売上状況と今日の売上目標を報告する。お客様へのサービスについての話しやお客様のクレーム事例や対応について，また接客態度の良かった社員の表彰なども朝礼の時間を利用して行なわれる。そのあと，あいさつ当番が前に出て，次に示すことばを言い，他の社員が声を合わせて唱和する。この後，それぞれの売り場に戻り，客を迎えるのである。

　　全員で唱和することば

　今日　私たちは，きびきびした動作で応対します
　今日　私たちは，すべてのお客様にご満足をお持ち帰りいただきます
　今日　私たちは，お客様におもてなしの心で応対します
　いらっしゃいませ
　かしこまりました
　少々お待ちください
　大変お待たせいたしました
　おそれいります
　申し訳ございませんが
　ありがとうございました
　また，どうぞよろしくお願いいたします

　朝礼のスピーチは，導入 → 展開 → 結び のパターンをとるとよい。
a. 導　入
　「おはよう」「おはようございます」のあいさつから明るく力強く話しかける。
　身近な話題を提示すれば，聞き手を引き込むことができる。

b. 展　開

聞いている人に分かりやすいように話を組み立てるように心がける。

「がんばろう」だけでは抽象的すぎるので，具体策を挙げ，箇条書きスタイルを活用して一つずつ分かりやすい表現で，聞き手の頭に入りやすいようにする。体験談を語ると話はおもしろく展開するので，話題探しが工夫のしどころである。

c. 結　び

「ではよろしくお願いします」と強く訴えて締める。

スピーチの内容を印象づける話題をみんなのものとしてまとめる。

まとめの一言も忘れずに。

朝礼スピーチ　その１　（管理職として）

［導入］　みなさん，おはようございます。

　　今日から，創業80周年感謝セールがスタートします。

　　入り口にはもうたくさんのお客様が並んで開店を待ってくださっています。

　　元気いっぱい，それぞれの売り場で，セール初日の仕事をして下さい。

［展開］　今回のセールでは，２つお願いをしておきます。

　　１つは，売り上げ目標の達成です。

　　売り場ごとにすでに通知してありますが，みなさん，どうぞがんばって目標を達成して下さい。

　　もう１つは，ていねいな販売を心がけていただきたい。

　　できる限りお客様一人一人の顔を見ながら，ていねいな販売でお客様サービスを徹底する努力をして下さい。

　　私は，販売職に求められる能力の第一番目は，創造力だと思います。お客様が何を求めているのかを感知する能力です。お客様によっては，大きなサイズをお探しであったり，違う色をお探しになっているのです。また，販売員に話しかけられるのを好まないお客様もいらっしゃいます。セールでは，とかく商品を売ることだけに気持ちが行き，後でクレーム対応や返品業務に追われるということがあります。お客様のサインを見逃すことなく，ていねいにご要望に応えて下さい。その結果が，今後の業績に積み重なっていきます。

［結び］　もう一度くり返します。

　　きょうから始まる創業80周年感謝セールの目標は，売上目標達成とていねいな販売の２つです。がんばってください。

　　さぁ，きょうも元気よくスタートしましょう。

朝礼スピーチ　その2（仕事の連絡・報告）

　おはようございます。

　月末の金曜日ということもあって，今日は忙しくなりそうです。みなさん，気分を引き締めてがんばってください。今日の営業活動を報告しておきます。

　北口主任と私は，三星商事に出向き，新製品のプレゼンを行ないます。1カ月前に試作品をお渡ししたところ，いろいろと詳しい条件を聞いて考えたいとのお話しをいただいています。

　佐藤さんと鈴木さんは，栄豊物産に出向き，新製品について担当の方から，価格などの詳細を具体的に知りたいとの大変よい感触をつかんでいます。

　2つ目の報告は，先週のミーティングで意見の出た，新製品の販売戦略方法について部長に相談したところ，今日OKをいただき，がんばるようにとのことです。

　いよいよ，これまでの努力が実る大切な時期です。

　私からの報告は以上です。

　他にどなたか，連絡，報告することはありますか。（少し間を取る）

　ないようでしたら，これで終わります。

　今日もよろしくお願いします。

朝礼スピーチ　その3（提言）

　おはようございます。

　今日のようにめまぐるしく変化する時代に求められるものは，プレゼンテーション能力，情報発信能力です。私たちにとってのプレゼンテーションとは，提案です。新しい仕事を，社内外の人たちに理解してもらい，支持を得るように説明するのです。実行の伴なわない口先だけの説明では，相手を説得できません。

　さて，プレゼンテーションは，動詞の「差し出す」の名詞形であり，もともとは，赤ちゃんを神様の前にさし出すという意味でありました。

　英語のプレゼンには3つの意味があり，「現在の（形容詞）」，「さし出す（動詞）」そして，「贈り物（名詞）」です。プレゼンテーションとは「現在」の状況をつかみながら，誰にでも理解できるようにして「さし出す」ことで，関係者はそのプランを提案者からの「贈り物」として受けとることができることです。

　これがプレゼンテーションについての，私からの提案です。

（村岡：前掲書参照）

（2）スピーチの基本

ミーティングでのスピーチの良くない例と好ましい例を見てみよう。

	良くない例	好ましい例
話し方	・ぼそぼそと小さな声で聞き取りにくい ・早口で一方的にしゃべる ・一本調子で盛り上がりがない ・事務的なそっけない話し方 ・「あのー」「えー」「そのー」などを多用する ・表情が硬く，こわばっている ・間の取り方が悪い ・敬語を適切に使いこなせない ・その場の雰囲気に身だしなみが合っていない	・聞き取りやすい速さで話す ・話しの間の取り方がよい ・声の大きさが適当で，アクセント，イントネーションにも気をくばっている ・ことばが明瞭，歯切れが良い ・敬語表現が正しく使える ・アイコンタクト，ボディランゲージを上手に使う ・身だしなみが整っている
内容	・何が言いたいのか，テーマがはっきりしない ・欲張って，話を多く盛り込みすぎる ・くり返しが多く，くどい ・話が抽象的で具体的でない ・専門用語や難解なことばが多い ・提案のインパクトが弱い ・全体にだらだらしてまとまりが悪い　結びがもたつく ・話しが長く，時間どおりに終わらない	・説明のポイントがまとまっている ・内容構成がしっかり押さえられている ・スピーチの時間配分が適切である ・予定時間どおりに終わる ・話しの過不足がない

（3）1分間スピーチ

1分間スピーチは，朝礼スピーチと同じ展開（導入 → 展開 → 結び）をとる。次に具体例を見てみる。

1分間スピーチ　その1　(会議の進行)

　みなさん，2時になりましたので，9月の販売促進会議を始めます。
　まず始めに，8月の販売促進会議の議事録を確認させていただきます。
　1週間前に議事録を配付させていただきました。特にご意見はありませんでしたか。
　訂正またはご意見などありましたら，お願いします。──（間をとる）──
　特にご意見はないようですので，議事録どおりと確認させていただきます。
　続いて，すでに配布させていただきましたお手持ちの資料をもとに，今月は3件の議題について審議したいと思います。
　時間も限られていますので，みなさん，ご協力よろしくお願いします。

1分間スピーチ　その2　(異業種間交流会に参加して)

　みなさん初めまして。私，髙木と申します。……。突然の指名で少々戸惑っております。
　本日はたいへん有意義なセミナーに参加させていただき，ありがとうございます。
　急激に変化する社会情勢の中で，自分の会社だけの付き合いや考え方では，この先，通用しないと考え，このセミナーに参加させていただきました。
　みなさんのお話しの中にもありましたように，終身雇用制度も崩れ，自分の会社の中に留まっていては「井の中の蛙」になってしまいます。
　どこにでも通用するビジネス能力を着けていきたいと思います。
　引き続き参加させていただくつもりです。今後ともどうぞよろしくお願いいたします。

1分間スピーチ　その3　(記念パーティ……取引先会社の創立パーティー)

　ただいま御紹介いただきました，関西商事の黒田でございます。
　西宮薬品株式会社　創立100周年誠におめでとうございます。
　西宮薬品株式会社様は，名実ともに富山県を代表する会社であり，私も御社の漢方薬の一ファンです。私ども，日頃，西宮薬品株式会社の皆様にはたいへんお世話になっております。また漢方薬の原材料納入のお手伝いをさせていただけることを誇りに思います。
　今年は東証2部にも上場され，創立100周年と重なり更なる飛躍の年になることでしょう。
　最後に，西宮薬品株式会社様のますますのご発展と，ご列席の皆様のご健康を心よりお祈り申し上げます。
　本日はおめでとうございます。

Ⅲ章　会社の行事とミーティング　71

演習 Ⅲ-5　これまでの演習例を参考にスピーチ演習をしてみよう。

（1）入　社　式

テーマ： 新人社員の代表………決意を述べる
時　間： 3分間

［導入］

［展開］

［結び］

（2）朝　　礼

テーマ：
時　間：

［導入］

［展開］

［結び］

（3）懇親会

テーマ：
時　間：

［導入］

［展開］

［結び］

7．ミーティングの服装

　ミーティングを成功させる重要な要因の一つとして服装があることを忘れてはいけない。服装は，ときには，ことば以上に雄弁に話し手の意図を表現する。

① あなた自身の性格
② あなたの地位　　　これらを総合し，さらにミーティングの目的を
③ あなたの職業　　　考慮した服装が望ましい。
④ あなたの会社

色	紺・黒・グレー・赤・オレンジなど
デザイン	ワンピース・スーツ・長袖・半袖・ブラウス
布地	絹・綿・化学繊維・ウール
柄	花柄・ストライプ・無地など

演習 Ⅲ-6　ある女性の大臣は勝負時には赤のスーツを着用すると言っているが，あなたはどのようなときを勝負時とし，どのような服装をするだろうか。

① あなた自身の性格	
② あなたの地位	
③ あなたの職業	
④ あなたの会社	

＋

ミーティングの目的 狙う効果	

⇓
あなたの服装は？

（福永弘之『プレゼンテーション概論及び演習』樹村房　p.72参照）

Ⅳ章 ディベートとディスカッション

オフィスライフにおけるプレゼンテーションを進めるためには，論理性が必要である。そのための知識・技術として，ディベートとディスカッションの意義と手法を学ぼう。

1．ディベートとディスカッションの違い

（1）ディベートとディスカッション

ディベートとディスカッションは共に英語で，日本語では，双方とも「議論・討論」と訳される。そのため日本では，両者は混同されやすい。しかし，両者は，その内容がまったく異なる事柄である。

ディスカッションは，ある論題についてさまざまな立場から意見を述べ合うことである。そのため，議論の過程でお互いがそれぞれの意見を取り入れながら，最終的結論は中間的なものになることが多い。また，どちらか一方の意見が討論の結果として選択されたとしても，結論は，双方の考え方を取り入れた修正的なものとなることもしばしばである。たとえば，小学校時代に学級会で話し合った経験を思い出してほしい。ディスカッションの一つの例である。

ディベートは，ある一つの論題について肯定と否定の両方の立場から，「勝敗を決する」ための討論である。つまり，ディベートでは，結論があいまいなままに終わることはあり得ない。

ディベートは，アメリカをはじめ西欧社会では一般化している議論の形式である。論理的対決によって問題解決をはかることの歴史が浅い日本では，まだ十分には普及していない。しかし，実社会では，政治家・外交官・弁護士・学識者といった専門的職業に従事する人たちばかりではなく，ビジネス社会においても，広くディベートの能力が要求される。

分析力
思考力
表現力

ディベートとディスカッションは三つの力を高めます

ディスカッションやディベートの訓練をすることによって,「他者の意見を考えながら聞き,データを考えながら読み,自分の意見をまとめ,考えながら話す」能力が高められる。

ディベートとディスカッションの比較

	討論の様相	討論の結果
ディベート	最初に賛成と反対の立場を明確にして討論を始める。討論は,自分の立場の正当性を論証することに意味がある。	勝敗の明白な一元的結論となる。
ディスカッション	賛成・反対の立場は比較的あいまいでもかまわない。討論の過程で,立場に変化や修正が認められる。	賛否協調的結論や情報交換的結論になることも多い。

(2) ディベートとディスカッションの基本となる要素

ディベートやディスカッションを行なうために不可欠となる要素を整理しておく。

a. 論題

なにについて議論するのか,その「なに」にあたるものが,つまり表題となるものが論題である。テーマや命題と呼ばれることもある。

b. 論点

論題について肯定するか,否定するか,自分の考えを主張する。その際,それぞれが主張する内容について,双方が討論すべき問題点が論点である。

c. 議論(ディスカッション)・立論(ディベート)

論題のもとに,ディスカッションでは比較的自由に議論を行なう。ディベートでは,肯定者と否定者がそれぞれの自説にもとづき議論を闘わせる。特に,ディベートでは,相手に反駁(反論)を行なう際,相手の意見の根拠を十分に理解して行なうことが大切である。

d. 司会者の重要性

ディベートやディスカッションで最も大切な役割は,司会者(進行係)である。公平な

立場に立つことは，もちろんであるが，議論が混乱した時，それをまとめることも必要となる。

演習 Ⅳ-1　10人ぐらいのグループで司会者を一人決め，論題を設定して，自由にディスカッションしてみよう。

論題（テーマ）の例：　① 海外で仕事を成功させるにはなにが大切か
　　　　　　　　　　② 敬語は必要か
　　　　　　　　　　③ 良い会社の条件　など

ディスカッションの記録と反省用紙

日時	年　月　日	テーマ	
出された意見 （箇条書きに）			
自分が述べた意見			
司会者のまとめ			
感想，反省など			

2. ディベートのルールと進め方を理解しよう

ディベートには，はっきりとした規則や形式がある。参加者は，そのルールに従ってディベートを進行させなければならない。

ここでは，ディベートを実際に行なう上でのそうした約束と方法について，しっかりと理解しておきたい。

(1) 基本的な条件とルール

a. 必要な参加者

ディベートには，肯定・否定いずれかの立場をとるディベーター（討論者）がそれぞれ必要である。ディベーターは，競技として実施する場合は，2人ないし3人が一組となって行なうチーム・ディベートが一般的である。

ディベーターに加えて，ディベートを実施するためには，司会者・タイムキーパー（時計係）・審判員・聴衆の参加が必要である。司会者と，時間を管理するタイム・キーパーは絶対に必要で，タイムキーパーが司会者を兼ねることも多い。

b. 座席の配置

演壇を中心に，聴衆から見て左側を肯定者側，右側を否定者側の座席とすることが一般的である。立論や反駁のスピーチは演壇で行なう。質疑応答については，質疑は自分の座席で起立して行なう。応答は，該当者が演壇で行なう。

［ディベートの座席の配置例］

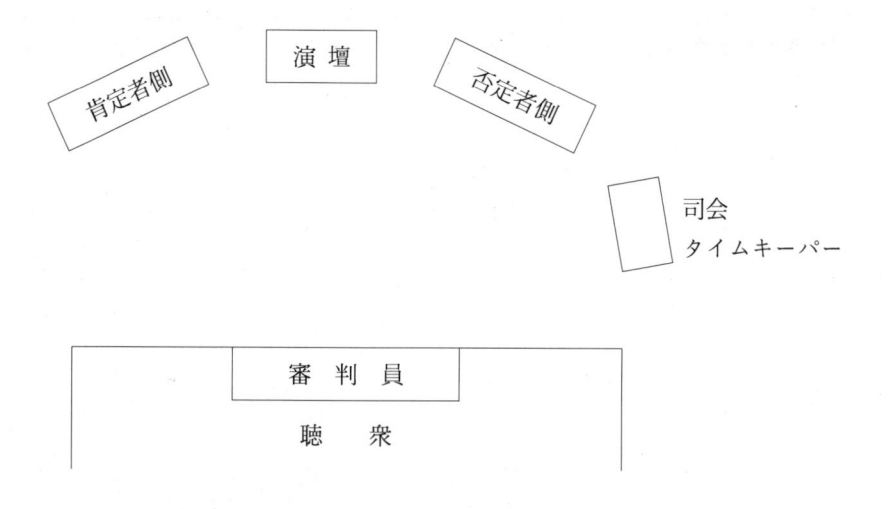

```
        肯定者側    演壇    否定者側

                            司会
                            タイムキーパー

            審 判 員
              聴  衆
```

c．スピーチの順序

　立論のスピーチでは，肯定者側のスピーチが最初にあり，後で否定者側がスピーチを行なう。逆に，反駁スピーチでは，否定者側が最初にスピーチし，肯定者側が後で行なう。

　1チーム2人の形式の場合は，肯定側第一者 → 質疑応答 → 否定側第一者 → 質疑応答 → 肯定側第二者 → 質疑応答 → 否定側第二者 → 質疑応答の順で立論を行なう。

　反駁は，否定側第一者 → 肯定側第一者 → 否定側第二者 → 肯定側第二者の順となる。

　ディベートでは，後でスピーチをする者ほど，それまでの議論をふまえて発言することができる。つまり，最後に発言する者が有利となる。そのため，立論では否定者側が，反駁では肯定者側が最後のスピーチをすることにより，両者の平等性が保証されることが大切である。

d．時間の配分

　ディベートでは，なによりも公平性が重んじられる。そのため，最初にそれぞれのスピーチの時間配分が明確で，また，論題に対する肯定・否定両者の側のスピーチに対して，まったく同じ長さの時間が配分されなければならない。

　時間配分としては，

　　　立論10分 → 質疑応答4分 → 反駁5分　　　立論8分 → 質疑応答4分 → 反駁5分，
　　　立論6分 → 質疑応答3分 → 反駁4分

などの形式がある。教室でのディベートでは，それよりも短い時間配分も考えられる。くり返すが，その配分がくれぐれも公平さを失わないように，司会者・タイムキーパーは注意が必要である。

演習 Ⅳ-2　ディベート競技を開催するとき，主催者や司会者が注意しなければならないことをまとめてみよう。

[ディベート（1チーム2人）のスピーチの順序と時間配分]

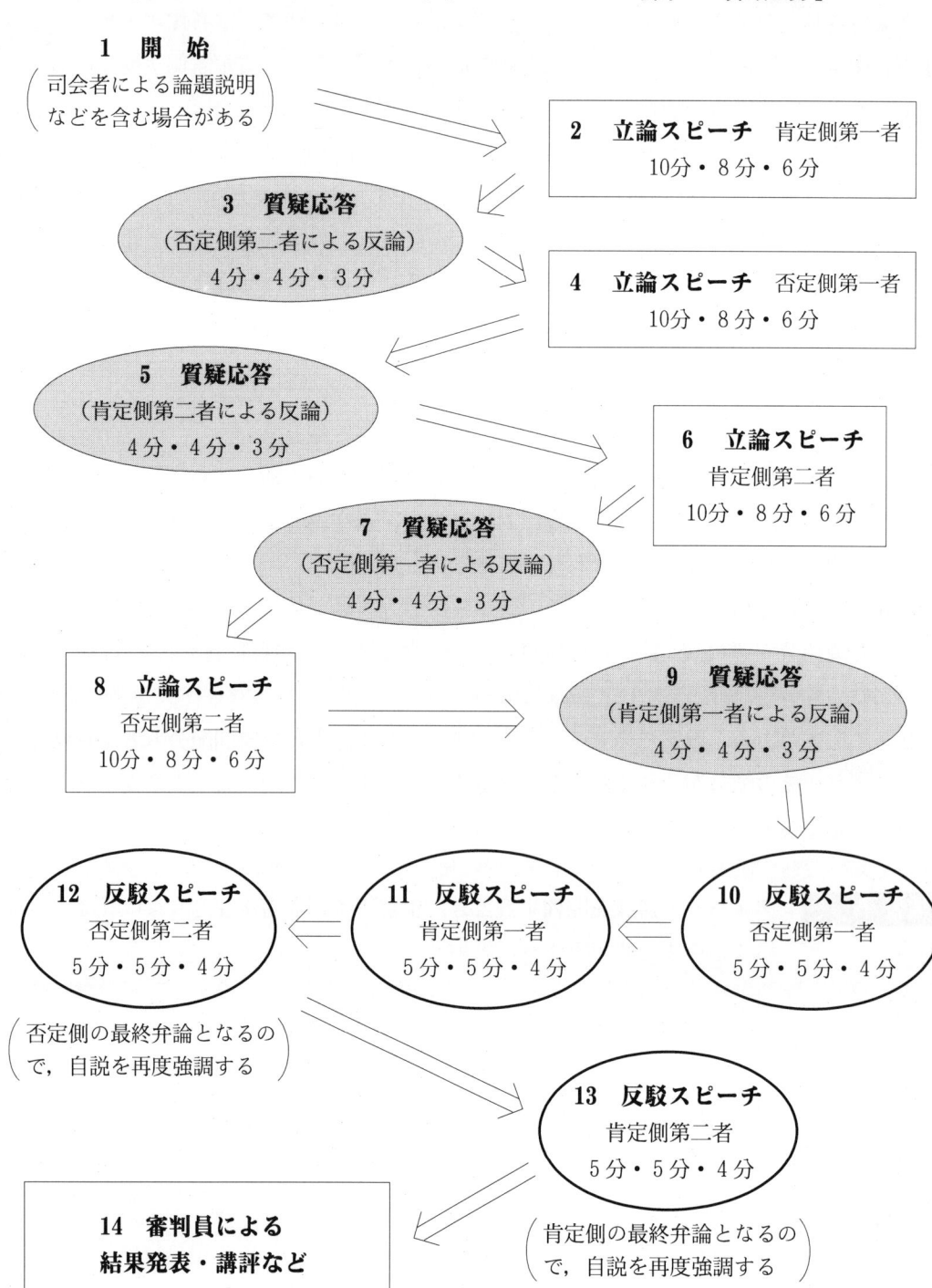

1 開 始
（司会者による論題説明
などを含む場合がある）

2 立論スピーチ 肯定側第一者
10分・8分・6分

3 質疑応答
（否定側第二者による反論）
4分・4分・3分

4 立論スピーチ 否定側第一者
10分・8分・6分

5 質疑応答
（肯定側第二者による反論）
4分・4分・3分

6 立論スピーチ
肯定側第二者
10分・8分・6分

7 質疑応答
（否定側第一者による反論）
4分・4分・3分

8 立論スピーチ
否定側第二者
10分・8分・6分

9 質疑応答
（肯定側第一者による反論）
4分・4分・3分

10 反駁スピーチ
否定側第一者
5分・5分・4分

11 反駁スピーチ
肯定側第一者
5分・5分・4分

12 反駁スピーチ
否定側第二者
5分・5分・4分

（否定側の最終弁論となるの
で，自説を再度強調する）

13 反駁スピーチ
肯定側第二者
5分・5分・4分

（肯定側の最終弁論となるの
で，自説を再度強調する）

**14 審判員による
結果発表・講評など**

（陪審員制度の場合は，事前の
取り決めに従い結果を示す）

(2) 立論の構成

ディベートは，短時間で自説を主張しなければならない。できるかぎり単純な構成でスピーチを行なう。そのためには，序論・本論・結論というシンプルな三段構成が望ましい。

a. 序　論

挨拶の後，用語の定義と，肯定または否定についての自分の立場を明確に述べる。

b. 本　論

証拠の例示と検証その例示を行なう。その上で，予測される反論も想定しながら，結論に至った過程を論理的に説明する。資料は，あくまでも資料であることを忘れず，資料の説明は最小限にとどめる。

c. 結　論

議論の主要論点を要約し，説得性のある表現で自説を訴える。専門用語は多用せず，理解しやすい表現で自説を展開する。

(3) 質疑応答・反駁の方法

質疑応答や反駁は，自分とは反対の立場の立論に対してなされる。質疑応答では，相手側の最初の立論から，事実や相手側の考え方の根拠について曖昧な点を問いただす。

反駁は，質疑応答で確認した相手側の考え方を十分に理解した上で行なうことが重要である。聴衆も納得するような，最も効果的な方法で相手方の論拠を攻撃しなければならない。反駁には次のような方法がある。

a. 証拠・事実に対する反駁

提示された事実認定の誤認や，その分析方法の粗雑さや非妥当性などをもとに反駁する。相手側の事実誤認やデータのあいまいな点があれば，ディベートの勝敗の行方は，反駁した側にたいへん有利になる。

b. 意見・論証に対する反駁

主張されている意見の個別性・特殊性や，論証の不明確さなどをもとに反駁する。論理の普遍性や説得性によって相手側と争うものであり，ディベーターの真価が最も問われる反駁の方法である。

c. 対抗的手段の提示による反駁

相手側が提案するプランに対し，その実現可能性の低さを指摘し，代替となる別のプラ

ンを提示して反駁する。もちろん，代替となるプランの有効性や利便性も説明しなければならない。

（4）フロー・シート（flow sheet）

ディベートには，フロー・シートを用意する。フロー（flow）とは，「流れ，流水」を意味する単語であり，文字どおりディベートの議論の流れを書き記すための用紙である。このフロー・シートに立論や反駁の要点を記しておくことで，ディベーターは，相手側への反論などをすばやく円滑に考えることができる。（92ページ参照）

3．ディベートの審査と判定

（1）審査の方法

ディベートは勝敗を決する討論であり，公正な審判員（judge）の存在が不可欠となる。審判員の数は3人から5人程度で，聴衆の何名かを陪審員にして審査をすることもできる。

審判員は，次の3つの事柄を中心に審査する。

a．論証の優劣

論点について，証拠を提示し結論を導き出すまでの論証の妥当性の優劣を判断する。論題の分析，論拠，論理の一貫性やスピーチの構成などが判断材料となる。

b．質疑応答・反駁の優劣

反駁された相手方の見解に対する応答の優劣を判断する。反論の質や量，相手側の質疑や反駁に対応した反論がなされたかといった点が判断材料となる。

c．スピーチの技能・技術の優劣

立論や反駁のためのスピーチ・スキルの優劣を判断する。話し方はもちろんのこと，表情やしぐさ，また相手側との論争時の態度なども判断材料とする。

（2）判定法と判定用紙

ディベートの勝敗を判定するには，通常，審判員は様式に則った「判定用紙」を用いる。

a．項目と五段階評価

「問題分析」「論拠・証拠資料」「スピーチの構成」「質疑応答」「反論・反駁」「話し方・

語句選択」といった項目を設定し，各項目について，五段階評価で評価する。

各項目の評価をそのまま点数化する。つまり，6項目の場合，満点は30点となる。

b. 点数化と公表

判定にあたっては，複数の審判員が点数化したものの合計点で勝敗を決するのが基本である。点数は公表しなければならない。点数については，審判員の人数が多い場合は，合計した点数の平均点を算出し，それを公表する。

c. 講　評

審判員は，点数以外にディベート全体や審査結果について，簡単な説明をする。

代表者となった審判員が講評を行なってもよいし，全員がコメントをしてもよい。

ディベートの判定用紙　例

```
┌─────────────────────────────┐
│     日本語ディベート判定用紙      │
│ 第___試合／___決勝戦   年__月__日 │
│ 肯定側____チーム  否定側____チーム │
│ （氏名　　　　）   （氏名　　　　） │
│ 採点基準：                      │
│ ┌5：とても優秀，4：優秀，3：普通，2：努力を要する，┐ │
│ └1：かなりの努力を要する                ┘ │
│                                │
│ 5 4 3 2 1            5 4 3 2 1 │
│ □□□□□  問 題 分 析  □□□□□ │
│ □□□□□  論拠・証拠資料  □□□□□ │
│ □□□□□  スピーチの構成  □□□□□ │
│ □□□□□  質 疑 応 答  □□□□□ │
│ □□□□□  反 論・反 駁  □□□□□ │
│ □□□□□  話し方・語句選択  □□□□□ │
│                                │
│ ____/30    合　計    ____/30   │
│ 判定：肯定／否定 側　　チームを勝ちとする。│
│     （一方を○）                 │
│ 判定の理由：                     │
│                                │
│                     審判員_____│
└─────────────────────────────┘
```

（松本茂『頭を鍛えるディベート入門』講談社　1996）

「判定用紙」の項目をより細分化し，質疑応答を質疑と応答にそれぞれ独立させた項目に分けることや，態度やマナーの項目をつけ加えることもできる。また，数名がチームとなってディベートを行なうときには，チーム・ワークの良し悪しなども項目の一つにできるだろう。

演習 IV-3　就職試験で下記の論題でディベートを課せられた場合，どのように対応したらよいか。肯定側・否定側のディベーターがそれぞれ一人ずつのディベートの実例の記録を挙げるので，このディベートを判定してみよう。

論 題

「マンガは，子どもたちにとって大切な文化か」

論 点

「マンガは日本文化として定着しているものの，一方で低俗な文化として位置づけようとする考え方もある。また，過激な性描写などのあるマンガを読んでいた少年が，現実と想像の世界との区別がつかなくなり犯罪を犯してしまったという実例もある。マンガは，それを読む子どもたちにとって，有益なものなのか，あるいはそうではないものなのか。」

実 例

① 肯定側Aさんの立論スピーチ

「私は，マンガに積極的な価値を認めたいと考えています。子どもたちにとって，大切な文化だと考えます。たとえば，皆さんがよくご存知の，手塚治虫は『ブッダ』という作品や，『アドルフに告ぐ』といった作品を発表しています。

『ブッダ』は，釈迦の生涯を描いたマンガです。それは，仏教の成り立ちを通じて人間の本質的な生きがいを教えてくれる作品です。

『アドルフに告ぐ』は，第二次世界大戦下の，ドイツと日本を舞台としています。ユダヤ人に対する当時のドイツにおける人種的偏見による迫害のひどさやそのことの無意味さ，また戦争の悲惨さなどが見事に描かれており，読者に深い感動を与えます。

子どもたちにとっては，むつかしいことばでこうしたことが書かれた専門的な本を読むことはたいへんです。しかし，マンガになると，画像のイメージにより子どもたちにも深い内容がよく理解できるようになると思います。つまり，マンガは，多くの子どもたちの心に良い影響を与える高い文化的価値をもつものであると，私は確信しています。」

② 否定側Bさんの質疑，肯定側Aさんの応答

「Aさんは，手塚治虫の作品を例に挙げられましたが，マンガには，暴力や性を描いたものなど，子どもたちに悪い影響を与えるものもあるのではないでしょうか。Aさんは，なぜそうしたマンガの例を挙げないのですか。」

「Bさんの質問にお答えします。文学や絵画など，ハイ・カルチャーに分類されるものの中にも低俗なものはあるはずです。どのようなジャンルの文化にも，質の高いものと低いものとがあると思います。子どもたちには質の高いマンガを与えることが大切です。」

③ 否定側Bさんの立論スピーチ

「私はマンガが嫌いです。ですから，マンガは，子どもたちにも有益なものではないと思います。現在の日本の子どもたちは，休日でもテレビゲームをしたり，マンガを読んだ

りして家の中でゴロゴロしています。友だちと外で元気よく遊ぶことで，子どもたちは真の人間どうしのぬくもりやつながりを学ぶのではないでしょうか。子どもは風の子と言うように，本来その身体で実際に行動することによってさまざまな事柄を子どもたちは学ぶのです。また，マンガには性や暴力が描かれているものも多く，子どもたちに悪い影響を及ぼします。マンガの世界であることが，現実にもあり得ることだと子どもたちが思い込んでしまうことも起こり得ます。またそうした影響から，平気で人の心を傷つけたり弱い者をイジメたりするようになります。そればかりではなく，子どもどうしがふれ合う大切な時間を奪うものでもあると思います。よって，マンガは，子どもにとって必要なものではないし，読みすぎることでさまざまな弊害をもたらすものだと考えます。」

④　肯定側Aさんの質疑，否定側Bさんの応答

「Bさんに質問します。子どもが，外で遊べないのはマンガだけが原因ではなく，むしろ塾や習い事などに通うことが原因ではないでしょうか。また，暴力やイジメにつながるというのも，必ずしもマンガだけの問題ではないと思うのですが。」

「子どもが外で遊べないのは，Aさんがおっしゃるそうした理由も考えられます。ただ，マンガが子どもたちに良い影響を与えていないことは確かだと，私は思っています。」

⑤　否定側Bさんの反駁スピーチ

「Aさんは，一部のマンガの例だけで結論を導き出しています。私は，マンガなど読まなくともよいと心の底から感じています。とにかく，マンガは子どもたちに読ませるような文化的価値はもっていないのです。」

⑥　肯定側Aさんの反駁スピーチ

「Bさんのお考えは，Bさんの個人的なものだと思います。現在のマンガは，ずいぶん質の高いものが多く，たとえば，マンガで日本や世界の歴史を描いた学習用のものもあります。現代のマンガは，子どもたちに夢や知識を与える重要なものだと私は思います。」

演習用・判定用紙　（注意：次ページの判定のポイントを読まずに判定してみること）

肯定側：　**Aさん**　　　　　　　　否定側：　**Bさん**

採点基準：
　［5：とても優秀，4：優秀，3：普通，2：努力を要する，1：かなりの努力を要する］

5	4	3	2	1		5	4	3	2	1
					問題分析					
					論拠・証拠資料					
					スピーチの構成					
					質疑応答					
					反論・反駁					
					話し方・語句選択					

　　＿＿＿＿＿／30　　　　　合　　計　　　　＿＿＿＿＿／30

判　定：肯定　／　否定　側　＿＿＿＿＿＿＿　さんを勝ちとする。
　　　　（一方を〇）

判定の理由：

[**判定のポイント**]

　結論を先に言うと，肯定側Ａさんの勝利である。大切なことは，判定の理由である。たとえば，「Ａさんは具体的な実例を挙げて，マンガの有用性を説明しているのに対し，Ｂさんは個人的な感情が強調されすぎて，論理があいまいである」といった点が指摘されていれば，最も良い判定となろう。

　さて，このディベートからは多くのことを学ぶことができる。単に判定結果だけではなく，どのような要因が，Ａさんに勝利をもたらしているのかを理解しておきたい。Ａさんのスピーチでよいのは，『ブッダ』など実例をあげ，聴衆にも理解しやすい点である。

　一方，Ｂさんのスピーチは，イジメなどの広く現代の子どもたちがもつ問題へと分析を広げようとしている。その意図は悪くはないが，その結果逆に，論題である「マンガは子どもたちにとって大切な文化か」という問題意識が拡散したものとなってしまっている。

　また，Ａさんは，質疑で「手塚治虫の例だけだ」と批判されたのに対し，反駁で「歴史などの学習マンガ」の例をつけ加え，自説を補強している。

　一方，Ｂさんは，Ａさんの質疑に対して明白に応答しておらず，「マンガは子どもたちに良い影響を与えていない」という自説のくり返しに終始している。Ｂさんは，立論で「私はマンガが嫌いです」，反駁でも「マンガなど読まなくてもよいと心の底から感じています」と述べている。つまり，そこにはディベートに必要な論理性がなく，個人的な感情から自説を展開している印象をまぬがれない。ことばの表現としても，「好き，嫌い」は，論理性を重んずるディベートでは厳禁である。

　そうした理由で，このディベートは肯定側のＡさんの勝利とするのが正しい判定である。

コラム

　　　　　ディベートの論争は，大きく３つに分類できる

○事実（fact）論争…事実の真偽を争う。

　　　　　　　　　　……論題として，「ヒマラヤの雪男は存在するか」など。

○政策（policy）論争…プランの導入の是非や，良い点悪い点，実行可能性などを争う。

　　　　　　　　　　……論題として，「郵政民営化は是か非か」など。

○価値（value）論争…制度・現象の価値のあるなしを争う。

　　　　　　　　　　……論題として，「禁煙は是か非か」など。

3．パネル・ディベートを学ぼう

一般にはパネル・ディベートの形式が，ディベートを学ぶ上で効果的である。この形式で，できれば何度も演習し，議論に強くなろう。

(1) パネル・ディベートとは

一般のディベートでは，ディベーターは1つのテーマについて2つの立場に分かれる。しかし，2つの立場だけでは結論が抽象的なものになりやすく，初心者にはやや難しい点もある。また，多くの人が，同時にディベートに参加することができない。

そこで，クラスなどで実施するのにより適した形態がパネル・ディベートである。

パネル・ディベートとは，ディベートにパネル・ディスカッションの形式を取り入れた討論の方法である。一つのテーマについて3〜5の立場（班）に分かれて討論し，どの立場（班）の議論がすぐれているかを決定する。

パネル・ディベートには，次のような長所がある。[1]
① いくつもの立場を設定し，さまざまな立場・視点から問題をとらえて，多面的に討論できる。
② 現実的，具体的な立場（人物・役割）を設定するため，つまりロールプレイング方式なので，討論しやすい。
③ 多くの班員が討議に参加できるので，クラスで実施したとき，それぞれの班や全体に共有感や一体感が生まれる。

ただし，多くの立場の意見があるので議論の内容が拡散しないように，司会者は十分に配慮することが必要である。なお，ディベーターの話し方や，議論の方法などで注意する点は一般のディベートと同じである。

**パネル・ディベートは
ロールプレイング!!**

なりきることが大切

---

1) 吉田和忠『ディベートを越えるディベートを提案する』明治図書　1997。

（2）パネル・ディベートの構成と方法

パネル・ディベートは，次の要素で構成される。

a. 立 論

一つのテーマについて各班に分かれた後，班員は班内で協議し，意見を統一する。そして，班の代表者（2名でもよい）が立論を行なう。

b. 代表者討議

各班の立論が終わった後，各班の代表者が行なう討議である。通常のディベートの反駁に相当する。

時間は適宜決めればよいが，各班の代表者が，公平に発言できるように司会者は注意しなければならない。

c. 全体討議

聴衆や班に属する構成員が討議に参加する。パネル・ディスカッション形式の大きな特徴がこれで，参加者のほぼ全員が討議に参加することができる。ただし，審判員は討議には参加しない。

d. 判 定

一般のディベートと同様，論証の方法やスピーチの技術の優劣などで判定する。また全体討議は，他の班の主張と対比の上，優劣を判断する。

審判員は，全体の講評とともに，判定理由を公表しなければならない。

パネル・ディベートの順序と時間

1. 論題について立場を設け，4班程度に分かれる

↓

2. 班内で協議意見を統一（10分程度）

↓

3. 班の代表者による立論（各班3〜5分）2名で行なってもよい

↓

4. 代表者討議（全体で10〜15分程度）

↓

5. 全体討議（全体で10〜15分程度）

↓

6. 審判員による判定

（3）パネル・ディベートの形式

パネル・ディベートは，参加者の人数により次の3つの形式に分類できる。

a. 16名型・12名型

代表者8名（4つの立場×2名），フロア8名（4つの立場×2名，12名型は4つの立場×1名），司会・タイムキーパー（計時係）各1名，これ以外は審判員として参加する。代表者は立論1・2で交代する。討議では，2名で応対する。立論は一回として，代表者1名で行なってもよい。

b. 20名型

代表者8名（4つの立場×2名），フロア12名（4つの立場×3名），司会・タイムキーパー（計時係）各1名，これ以外は審判員として参加する。全体討議のとき，フロアの者が全員質問できるように，全体討議の時間を確保する必要がある。

c. 25名型

代表者10名（5つの立場×2名），フロア15名（5つの立場×3名），司会・タイムキーパー（計時係）1名，ほぼ全員参加の場合は，判定については，あらかじめ指導者が基準を示すなど工夫する必要がある。

演習 Ⅳ-4　次の条件に従って，ロールプレイング方式でパネル・ディベートを行なってみよう。

1. 論題は，「高校に制服は必要か」
2. 次の4つの立場を設定する
   ① 高校生A（制服がある方がよい）
   ② 高校生B（制服は必要ない）
   ③ 教員（制服がある方が規律正しくなる）
   ④ 外国人（制服があることが不思議）
   ロールプレイングで，その立場になりきって話す
3. 班の人員構成その他の役割は，指導教員の指示に従う
4. 92～94ページのフロー・シート，判定用紙，反省用紙は必ず用いる

演習 Ⅳ-5 論題を自由に決め，**演習 Ⅳ-4** と同じ要領で，4つの異なる立場の意見を設定する。役割分担なども決め，パネル・ディベートを行なってみよう。

［論題例］ 1．自動車と環境
　① 技術開発によって人々がより便利になるのだから，ある程度の自然への影響はしかたがない。（自動車産業の技術開発者）
　② たとえば大型自動車は運搬能力が高く，そうした機械技術を用いることは絶対必要だ。（大型自動車の運転手）
　③ 自動車が増えることで，騒音や排気ガスなどが多くなり，また道路の開発などにより，自然が少なくなる。（一般市民）
　④ 自動車が多すぎて，交通事故が増加したり，環境が破壊されるので，今後は自動車を作ることを規制すべきだ。（自然保護団体代表）

2．嗜好品（お酒やコーヒー，煙草など）は必要か。
　① 人間の心をなごます物なので絶対必要。（自営業者）
　② 人間関係を円滑にするなど，社会的に必要。（会社員）
　③ 必要としない人に迷惑をかけるのであまり必要ない。（大学生）
　④ 環境や身体に悪い影響を与えるので必要ない。（医師）

議論に強くなろう!!

パネル・ディベート［フロー・シート］

氏名

立論1
立論2
立論3
立論4
代表者 討議
全体 討議
MEMO

パネル・ディベート判定用紙（審判員用）

氏名

論　題				
	立論 1	立論 2	立論 3	立論 4
立　場 （文章で記入）				
立論の 論理性	1・2・3・4・5	1・2・3・4・5	1・2・3・4・5	1・2・3・4・5
スピーチ の方法	1・2・3・4・5	1・2・3・4・5	1・2・3・4・5	1・2・3・4・5
チーム ワーク	1・2・3・4・5	1・2・3・4・5	1・2・3・4・5	1・2・3・4・5
代表者討議	1・2・3・4・5	1・2・3・4・5	1・2・3・4・5	1・2・3・4・5
全体討議	1・2・3・4・5	1・2・3・4・5	1・2・3・4・5	1・2・3・4・5
25点満点の 合　　計	／25	／25	／25	／25
講　評（文章で記入）				

パネル・ディベートの反省用紙

　　　　　　　　　　　　　　氏名

① ロールプレイング（与えられた役割になり切れたか）について

② 立論の構成や論証方法について

③ ことばづかいやスピーチの態度について

④ 代表者討議や全体討議について

⑤ 審判の判定結果と自己評価との隔たりなどについて

⑥ その他

V章 セールストークと顧客満足

ビジネス活動において最も重要で不可欠なセールストークの意義・方法について学ぼう。

1. セールストーク（sales talk）の重要性

（1） セールストークにおけるプレゼンテーション能力の必要性

一般に，「売り込むためのうまい話術」や「顧客の心をとらえる販売上の効果的な話術」をセールストークという。ここで課題となるのは，「必ずしも顧客は常に商品やサービスを購入したいと考えているわけではない」ことである。特に今日のように商品の品質に各社の優劣の差が少ない時代においては，プレゼンテーション能力が商品選択に大きな影響を与える。商品の性能や品質をわかりやすく顧客に説明することができれば，顧客は納得して商品を購入するであろう。

（2） 顧客とセールストーク

一般的に，セールストークを行なう場面として，次図のようにさまざまな場面が考えら

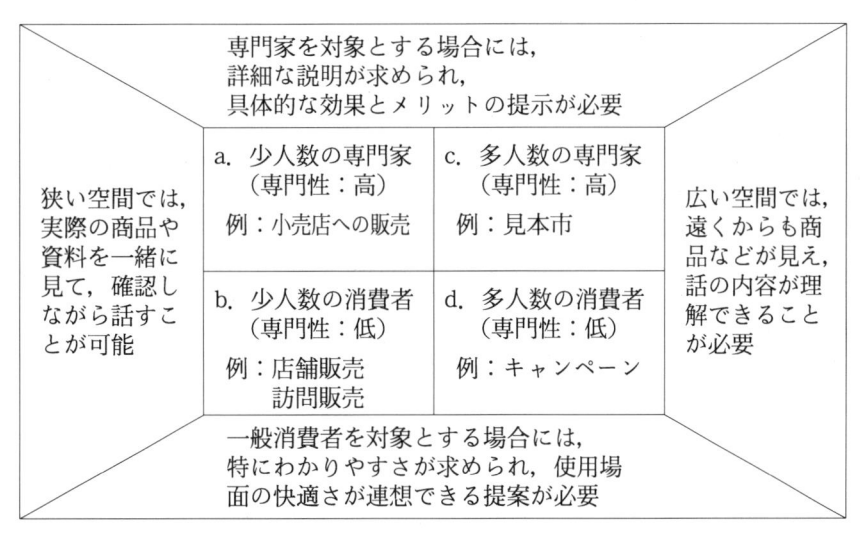

```
                専門家を対象とする場合には，
                詳細な説明が求められ，
                具体的な効果とメリットの提示が必要

            ┌─────────────────┬─────────────────┐
 狭い空間では，│ a. 少人数の専門家  │ c. 多人数の専門家  │ 広い空間では，
 実際の商品や │   （専門性：高）   │   （専門性：高）   │ 遠くからも商
 資料を一緒に │                  │                  │ 品などが見え，
 見て，確認し │   例：小売店への販売│   例：見本市      │ 話の内容が理
 ながら話すこ ├─────────────────┼─────────────────┤ 解できること
 とが可能    │ b. 少人数の消費者  │ d. 多人数の消費者  │ が必要
            │   （専門性：低）   │   （専門性：低）   │
            │                  │                  │
            │   例：店舗販売     │   例：キャンペーン  │
            │      訪問販売     │                  │
            └─────────────────┴─────────────────┘

               一般消費者を対象とする場合には，
               特にわかりやすさが求められ，使用場
               面の快適さが連想できる提案が必要
```

セールストークで考慮すべき事項

れる。このような場面においてセールストークを行なう場合には，所要時間，対象および人数，場所などを考慮し，状況に対応した適切な情報の量，資料・データの提示方法の効果も考えなければならない。

(3) セールストークの準備

セールストークは必ずしも購入を考えている顧客のみを対象に行なうわけではない。そこで顧客に，「購入することによってもたらされる効果がどれほど大きいか」ということを明確に示し，躊躇する顧客をも説得できるだけの準備が必要となる。下表は，効果的なセールストークを行なうために最低限準備しておくべき事項の例である。

セールストークのために準備すべきツール類

対　象	少　人　数	多　人　数
企　業　対　企　業	人数分のカタログ，パンフレット 顧客の事前調査，豊富な商品知識 商品（模型・写真），見本 競合他社製品との比較 利益の試算， 企業の視点から所有するメリット・所有していないデメリット 自作のアプローチブック（提示用）	大量のリーフレット，商品の拡大図 豊富な商品知識，商品（模型・写真） 見本，競合他社製品との比較 利益の試算 企業の視点から所有するメリット・所有していないデメリット
企　業　対　一般消費者	人数分のリーフレット（カタログ） 顧客の事前調査，商品知識 商品（模型・写真），試供品 競合他社製品との比較 生活場面での提案 日常生活の場面で所有するメリット・所有していないデメリット	大量のリーフレット，商品知識 商品（模型・写真），試供品 商品の拡大図 生活場面での提案 日常生活の場面で所有するメリット・所有していないデメリット

（4）成功するセールストークの基本

① 笑顔と熱意ある誠実な態度

　笑顔は，自己の余裕と相手の受け入れを表わす。費用はかからないが，効果は大きい。態度は心構えを表わすことから，信頼を得るために，誠実な態度は不可欠である。

② 服装・身だしなみ

　場にふさわしい服装・身だしなみでなければ，顧客の信頼を得ることはむずかしい。

③ あいさつとおじぎ

　気持ちのよいあいさつは相手の心を開き，ていねいなおじぎは誠実さと相手への尊敬を表わすことができる。あいさつは，最初の重要なコミュニケーションとなるので軽視は厳禁である。

④ 相手の立場とほめことば

　商談の場の主人公は顧客である。常に顧客の立場を尊重し，顧客の利益を考えてセールストークを進め，その過程で信頼を得なければならない。

⑤ 正確で豊富な商品知識と商品の提示

　商品を購入するために一時的な費用が発生しても，購入することによって，過剰な費用の削減や利益の増加が見込めることがある。このような一時的支出などの負担を上回る効果を挙げ，情報の提供をするとともに話術は不可欠である。

⑥ 視覚への訴求

　認知科学の研究によって，人は情報の約90％を視覚から得ていることが明らかにされている。視覚に訴えるためのツールを効果的に活用できれば，セールストークの説得性は高くなる。その際，「FABE」技法（下表）にもとづいて説明資料を作成すれば，さらに理解しやすいセールストークができる。

F	feature	特徴	○人が感じ，触れ，見て，測ることができるもの
A	advantage	利点	○特徴が何を意味するのか
B	benefit	利益	○会社の利益
			○個人の利益
			○認知・達成・安全など
E	evidence	証拠	○第三者の例証
			○デモンストレーション
			○提示物

福永弘之『プレゼンテーション概論および演習』樹村房　p.131

（5）顧客の心をとらえる「購買心理過程の8段階」

　商談の場面におけるセールストークでは，顧客の心をとらえながらトークを進める必要がある。人の購買心理の変化を段階別に示したアイドマ（AIDMA）の法則や，それを細分化した「購買心理過程の8段階」が指針となる。購買心理の段階に応じた対応をすることにより，顧客の購買意欲は高まり，購入の意思決定が得やすくなる。

購買心理過程の8段階

段　階	購買心理	具体的方法
第1段階	注目する	よいあいさつ，商品の紹介
第2段階	興味をもつ	多くの問題解決・業績向上へのメリットを提示
第3段階	連想する	成功例・導入しないデメリットを提示
第4段階	欲求がわく	シミュレーションし，具体的に成功した将来像を提示
第5段階	比較する	現状・競合他社商品との比較，成功例の提示
第6段階	信頼する	不安要因の解消
第7段階	購入する	見積書の提出，契約の締結
第8段階	満足する	十分なアフターサービス，引渡し後の訪問

（6）商品を購入できない背景と購入しない理由

　そのときの経済事情や業界事情，社内事情などにも左右され，資金計画が立たない場合もある。資金計画については，割賦払いやリースなどのまとまった資金をすぐに必要としない購入方法も提示できる準備が必要である。常に顧客の心理と状況をうまく捉え，提案できる課題解決能力と想像力・創造力はセールスパーソン（販売担当者）には欠かせない能力といえる。以下に，商品の購入に至らないなどの主な理由を挙げる。

　① その品がどれだけの利益を生むか，不明である
　② その品を購入してもうまく活用できるとは限らない
　③ 購入した品をフルに活用できないと経費が無駄になる
　④ 現在，その品がないことによって困っていない
　⑤ 将来，その品がないからといって困ることはなさそうである
　⑥ 他社商品も検討して，最も良い品を購入したい
　⑦ 新しく買い換える必要がない
　⑧ 購入するための資金調達がむずかしい
　⑨ 購入するための社内手続きがめんどう
　⑩ 余計なことに投下する資金はない

Ⅴ章　セールストークと顧客満足

演習 Ⅴ-1　あなたは家電売り場の担当者である。一人の女性が「食器洗い機」を見たいと言って来た。

1．この女性は，なぜ食器洗い機を見たいと言っていると思うか，考えてみよう。

2．この女性の「年齢，職業，家族，住居はマンション　など」顧客情報について，自由にイメージしてみよう。

3．この女性客に，どのような商品を提示すればよいか。考えてみよう。

4．女性客に最も強調したいと思うことは何か，まとめてみよう。

5．あなたが売り場担当者，グループのメンバーを顧客と想定して，食器洗い機のセールス状況のロールプレイングをしてみよう。

2. 商品説明[1] ポスターセッション

　企業で新しく開発された新製品の披露説明会や展示会での説明は，さまざまなプレゼンテーションツールを活用して行なわれる。使用するツールによりプレゼンテーションの効果は大きく異なったりするが，会場の条件やコストなども考慮し，最も適したツールを選ぶことが大切である。時間的な効率，一覧効果などの点で，ポスターやパネルによる展示が選択されていることが多い。

　最近では，学会，研究会などの発表と同様，ビジネス・プレゼンテーションの場においても，ポスターセッション形式は，数多く取り入れられている。

ポスターセッションの日程表の例

	午　前	午　後	夜
7月18日(火)		報道関係者・VIP内覧会	オープニング・レセプション
7月19日(水)	開幕基調講演 一般セッション ポスターセッション 展示会	一般セッション ポスターセッション 展示会	幹事会議
7月20日(木)	プレナリセッション 一般セッション ポスターセッション 展示会	一般セッション ポスターセッション 展示会	評議員懇親会
7月21日(金)	一般セッション ポスターセッション 展示会 閉会基調講演		

商品説明のレイアウト

```
┌─────────────────────────┐  ┌─────────────────────────┐
│ 商品名                   │  │ 2. 関係データ            │
│ ───────────────         │  │   （グラフ・表・図・写真） │
│ 商品のキャッチフレーズ    │  │   ┌───┐   ┌───┐       │
│ ───────────────         │  │   │   │   │   │       │
│ 1. 商品説明              │  │   └───┘   └───┘       │
│ (1) ・・・・・・・・・      │  │ グラフ・表・写真など題名や説明│
│ (2) ・・・・・・・・・      │  │   ┌───┐   ┌───┐       │
│ (3) ・・・・・・・・・      │  │   │   │   │   │       │
│                         │  │   └───┘   └───┘       │
│                         │  │ 3. 参考事項など          │
│                         │  │   ・・・・・・・・・・     │
└─────────────────────────┘  └─────────────────────────┘
```

文 字

　ポスターセッションの会場では，2～3メートル離れた距離で十分に読み取れる文字の大きさが必要である。少なくとも60ポイント（1ポイントは約0.35mm）約2cm以上の文字にする。書体はゴシック体が読みやすく，目をひきやすい。

　しかし，文字が主体であったり，長文で構成されているポスターは，読む側に不親切といえる。できる限り文字数は少なく，文章は短くする。

カラー化

　ポスターは色を活用して理解しやすいようにする。カラープリンターやカラーコピーなどを利用するとよい。背景や文字，図，表などは，見やすい色を使用し，読み疲れのないように工夫する。

グラフ，表，図

　数値データなどはグラフや図，表にすると，一目でわかり，文章も少なくでき，伝達の効果は高くなる。特に数字の表などは，正確ではあっても，聞き手が短時間のうちに比較するなど困難である。グラフや図や表は的確に活用したい。

写真，イラスト

参考となる資料を，写真やイラストにして活用するのも効果的な手段である。展示するときには，写真に簡単な説明をつけておく。

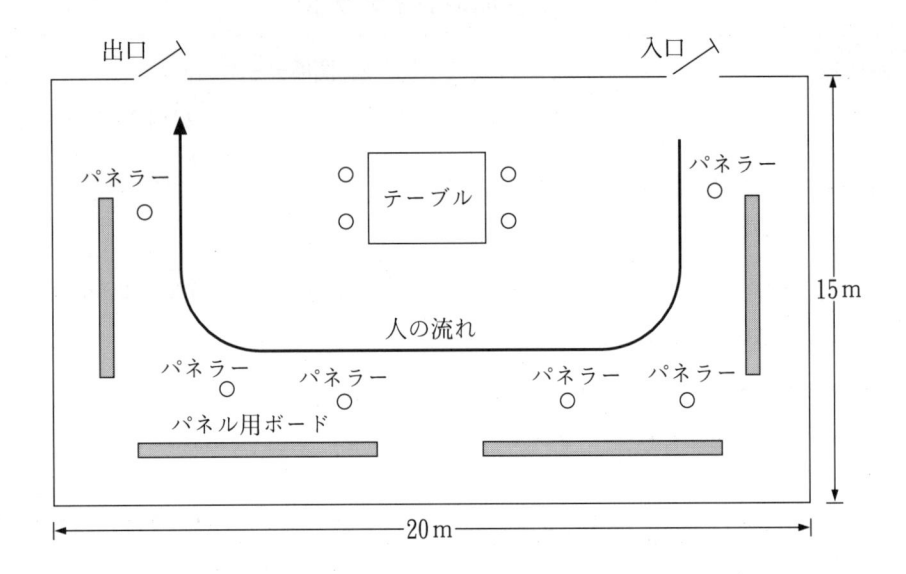

ポスターセッション会場のレイアウト例

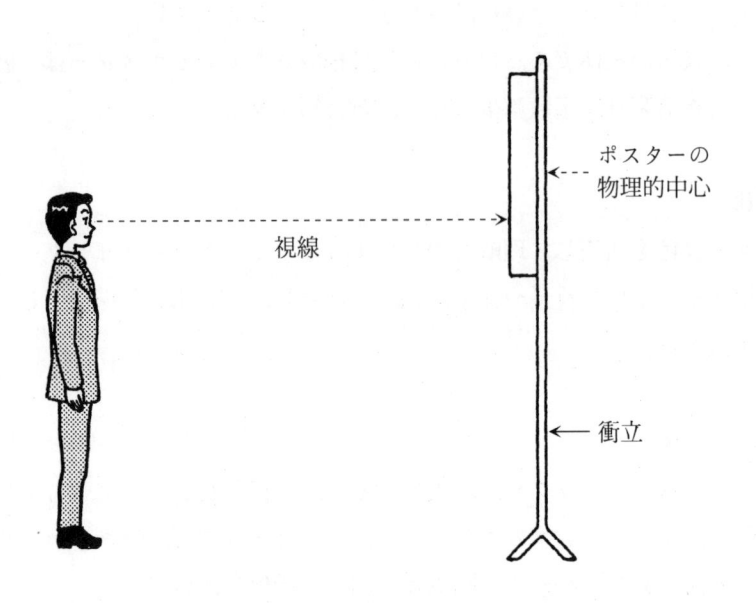

ポスターは見る人の視線よりも上に掲示した方がよい

ポスターの位置

(可視化情報学会編『ビジュアルプレゼンテーション』p. 76, 77　朝倉書店)

3. 商品説明［2］ パソコン（パワーポイント）を用いて

（1）パワーポイントを利用したセールストーク

　最近のプレゼンテーションの現場では，パソコンが多く用いられている。コンピュータソフトでは，マイクロソフト社の「パワーポイント」を使うことが多い。ここでは，パワーポイントを用いたセールストークについて考えてみる。

　パワーポイントは，スクリーンやディスプレイに映し出す資料を作成するためのアプリケーションソフトである。グラフや表，アニメーションなどを挿入することによって，より視覚的なプレゼンテーションにすることができる。

　「データの修正や再利用が簡単にできる」というパソコンのメリットを最大限に活かし，グラフや表，階層図などを用い，アイデアを駆使して，美しく説得力のあるプレゼンテーション資料を作成することができる。簡単な操作で効果的に画面を進行させながら，アニメーションや音を利用すると，動きのあるプレゼンテーションをすることもできる。

（2）セールストークの流れ

　一般の人に1分間で伝達できる情報量は，文字では30字，口頭では300〜400字，文字を提示した黙読にすると1,000字であるが，ビジュアル化したものを提示すると2,000字分に相当することが明らかにされている。ビジュアル化した資料やデータを用いれば，セールストークは効率的に進めることができる。

a. セールスの導入

　セールスの導入場面では機器などは使用せず，セールスを行なう人の外見や人柄，さらに話術で顧客の信頼を得なければならない。一般的な話をすることによって相手の警戒心を解き，気持ちをほぐすなどして，セールスする人の人柄を売り込まなければならない。

　導入部の手順で考えてみよう。

① 興味をひく話題
- 顧客の企業などをほめる話題
- 顧客との共通の趣味などに関する耳寄りな情報

② 近頃の気候，天候に関する話題
- 近頃の天候は例年と比べてどうか
- 近頃の天候による影響（助かること・困ること）

③ 景気や業界，その他のニュースに関する話題
- 近頃の景気
- 本日の主なニュース

b. セールスの前半

導入の後，カタログなどを用いた商品の特徴の説明に入る。

① 興味を引くビジュアル化された資料を絶好のタイミングで提示する
② 商品の特長を顧客にわかりやすく正確に伝える
③ 自社商品の優れた点を多面的に紹介する
④ 相手の欲求を引き出す「創出できる利益」と「予測できる損失」などの試算
⑤ 商品の販売計画および利益向上計画を示す

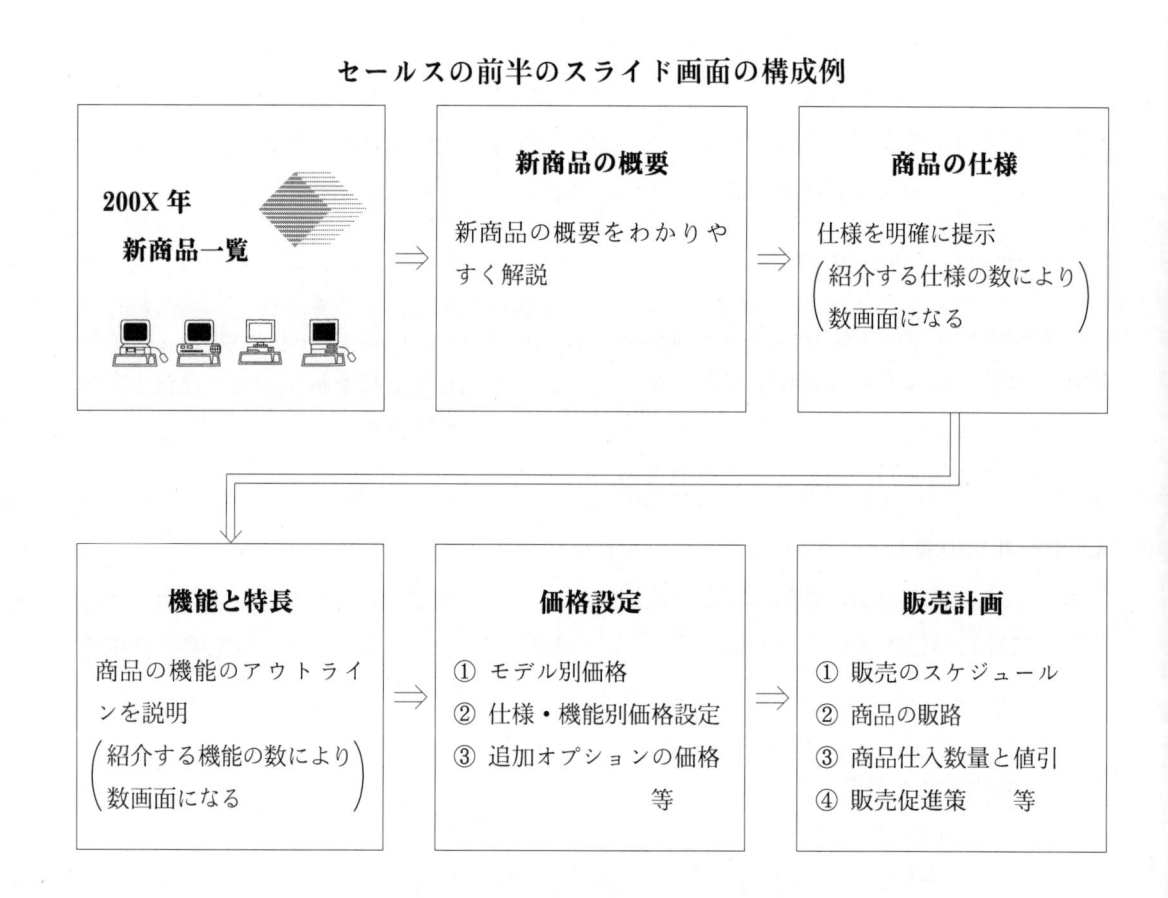

セールスの前半のスライド画面の構成例

200X年 新商品一覧	⇒	新商品の概要 新商品の概要をわかりやすく解説	⇒	商品の仕様 仕様を明確に提示 （紹介する仕様の数により数画面になる）

機能と特長 商品の機能のアウトラインを説明 （紹介する機能の数により数画面になる）	⇒	価格設定 ① モデル別価格 ② 仕様・機能別価格設定 ③ 追加オプションの価格　等	⇒	販売計画 ① 販売のスケジュール ② 商品の販路 ③ 商品仕入数量と値引 ④ 販売促進策　等

演習 Ⅴ-2 身近にある機器・物品のカタログを使って，商品説明をするための特長やセールスポイントを分析し，書き出してみよう。

製品名	

[特　長]

[セールスポイント]

演習 Ⅴ-3 前図(p.104)および 演習 Ⅴ-2 を参考に，あなたが他人に推薦したい品を販売する場面を想定して，セールストーク及びスライド画面を考えてみよう。

	スライド画面	トーク
スライド1		（テーマ）
スライド2		（商品の概要：取り上げる商品の紹介）
スライド3		（商品の仕様：商品の具体的な紹介）
スライド4		（機能と特長：商品の特長の説明）
スライド5		（価格設定：商品の価格）
スライド6		（販売計画：販路や広告等に関する対策）

c. セールスの後半

　商品の購入を予定していない顧客に商品を販売するのは簡単なことではない。一度のセールスで購入を決める顧客は少なく，何度も説得が必要なことは珍しくない。たとえ，購入の意思を固めても，迷いが生じたりするので，決断を後押しできるチャンスは逃してはならない。また，最初から「購入しない」と意思を固めている顧客が，商品の購入に至らない理由はさまざまであり，それらの不安要因のすべてに対応できる解決策を用意しておく必要がある。

　① シミュレーションや試算をして，効果・利益創出の提案をする
　② 他社商品との性能などの比較
　③ 競合商品より少々劣る点があっても，それを上回る長所を述べる
　④ 客観的な資料の活用（例：過去に購入した顧客の声など）

セールスの後半のスライド画面の構成例

メリット	利益の試算	デメリット
<u>購入した場合の効果と利益</u> 考えられる多くのメリットから，ベスト5	① 実際の例 ② 予測できる利益 ③ 減少する経費 ④ 企業イメージの向上 ⑤ 労働者の負担軽減　等	<u>購入しない場合に改善できない点</u> 考えられるデメリットから，ワースト5

⇒ ⇒ ↓

損失の予測	アフターサービス	課題解決とシミュレーション
① 利益獲得チャンスの喪失 ② 現状の不安情報 ③ 予測できる事態 ④ 危機管理	提供されるサービスの詳細	さまざまな提案

d. セールスのクロージング（結び）

　購入を決めた顧客には意思決定の正しさの確認や満足感を提供し，購入しない意思が固い顧客とは再度の面談予約を入れる。セールスする人自身の魅力や説得力は不可欠である。

演習 V-4 前図(p.107)を参考に，**演習 V-2**の続きとなるセールスの後半のスライド画面およびトークの構成を考えてみよう。

	スライド画面	トーク
スライド1		（メリット：勧める商品を所有する5つの効果や利益）
スライド2		（利益の試算：効果の試算）
スライド3		（デメリット：勧める商品を所有しない5つの損失）
スライド4		（損失の予測：利益獲得チャンスの喪失など）
スライド5		（アフターサービス：提供されるサービスの具体例）
スライド6		（シミュレーションと課題解決：解決策の提案）

4．クレーム対応

（1）クレームとは

　クレームとは，従来，貿易取引などにおいて契約違反に対する損害賠償を意味したが，今日では，一般的な商取引などでの苦情申し立てをいう場合が多い。

（2）クレームに対する基本姿勢

- クレームの相手のニーズを素早くつかむ。
- 正当性を主張するため，専門的・論理的・客観的に話を進めようとすると，かえって相手の感情を害することがあるので注意する。
- こちらに落ち度があった場合には，直ちに謝る。悪くないという場合でも，ていねいに誠意をもって相手の誤解を解くように努める。
- クレームというと，企業にとってよくないこと，不適切なことというマイナスのイメージをもってしまいがちであるが，クレームを言う客はその企業に対して期待しているから，「これはおかしい」「こうして欲しい」と言ってくる場合がほとんどである。クレームを言う客こそありがたい客であると認識しなければならない。
- 他人や他の部署の責任にしない。
- 相手の不備なところや矛盾点をついて言い負かしたとしても，何のメリットにもならない。
- 否定，拒否する表現，非難することば，専門用語などは使わない。
- 担当でなかったり，クレームの事実を理解・確認できない時に，安易に処理を約束しない。
- 期限・日時などは特に明らかにする。
　「明日3月5日午前10時にはお取替えの商品が入っております。」

演習 Ⅴ-5 クレームを言いにきた客に対応する場合をいくつか具体的に考えてみよう。

［例］ 納品された物が注文した物と違うと言われた場合

　a.「大変申し訳ありませんでした。」──（まず謝罪する）
　　　　　⇩
　担当者がいる場合
「担当の○○がすぐに参りますので少々お待ち下さい。」
　　　　　⇩
　［担当者が対応する場合］
「大変ご迷惑をおかけしました。誠に申し訳ございませんでした。」──（謝罪）
「当方の配送段階で伝票の記載ミスがありました。」──（事情の説明）
「ご注文いただきました△△を明日確かにお送りいたします。──（後処理の説明）

　b.「大変申し訳ありませんでした。」──（まず謝罪する）
　　　　　⇩
　担当者ではない者が対応する場合
「私は営業部長の△△です。」──（名乗る）
「このたびは大変ご迷惑をおかけし，誠に申し訳ありませんでした。」
　　　　　　　　　　　　　　　　　　　　──（さらにお詫びする）
「お納めいたしました物はどのような具合でしょうか？」
　　　──（客の勘違いもあるので本当に違うものかどうか確認することが必要）

　c.「大変申し訳ありませんでした。」──（まず謝罪する）
　　　　　⇩
　担当者が不在の場合
「担当の○○は，ただ今外出しておりますが，すぐに連絡をとりますので少々お待ち下さい。」
　　　　　　　　　　　　　　　　　　　　──（スピーディに対応する）
　　　　　⇩
「あいにく○○と連絡がとれませんが，本日は午後3時に帰社の予定となっております。こちらからお客様にお電話を差し上げたいのですが，ご連絡先を○○は存じておりますでしょうか？」　　　　──（次善の策を提示し，客に無駄足させないようにする）

演習 Ⅴ-6　下記はクレーム対応を朝礼でスタッフに指導しているマネージャーのスピーチである。的確なクレーム対応をスタッフに理解させることができたと思うところはどこか，また，直し方が良いところはどこか，それぞれを指摘しなさい。

みなさん，おはようございます。

日中はまだ残暑が残るものの，朝夕はずいぶんしのぎやすくなってきました。夏の疲れも，そろそろ出てくる頃ではないでしょうか。気分を引き締めて，仕事に取り組んでいただきたいと思います。

今日はみなさんに，クレームの対応について2つ話したいと思います。クレームの対応はたいへん難しいことはいうまでもありません。

1つ目のクレーム対応は，明らかに，私どものミスの場合です。突然，電話で大声で商品の文句を言う，怒鳴りつけるお客様があります。このようなお客様に対して，こちらも悪いのはわかっていても，ついお客様の声に興奮してしまい，売りことばに買いことばで，感情的にまくし立ててしまう場合があります。

こういうときは，まず，反論せずに，こちらのミスをお詫びし，黙ってお客様のクレームを聞いてください。

たいていの場合，お客様はこれで落ち着かれて，次の具体的なクレーム対応に話しが進みます。

「クレーム三態」ということばがありますね。

お客様からのクレームには，人・場所・時間を変えて対応するのが上手なクレーム対応のコツです。自分一人で解決しようと思わずに，上司に相談する，電話だけでなく直接お客様の会社に出向いて詫びる，時間をおいて解決策を考える，などです。

もう一つのクレーム対応は，こちらのミスかどうかわからない，こちらのミスとは考えにくい場合です。

みなさんどうでしょうか。「ご無理ごもっとも，申し訳ありませんでした。」とは言えませんね。でも，お客様のおっしゃることをすぐに否定しないで，「お客様のおっしゃることはよくわかります。」「……それは大変でございました。」「……なるほど……そうでございますか。」と一応うなずくのです。そして，次に，「……申し訳ありませんが，その件に関しては，交換いたしかねます。」とはっきりとこちらの意向を伝えます。

もう一度，言います。

クレーム対応は，「クレーム三態」と「Yes, but……方式」の2つです。それでは今日も一日，よろしくお願いします。

VI章 ケース・スタデイ（「演習I」を含めて）

1. 地図を説明してみよう

（1）道順の説明はプレゼンテーションの原点

ここでは，地図を描くのが目的ではない。目的地への道順の説明である。道順を説明する方法は，物事や商品の説明と変わりなく，いかに的確に伝えるか「話しの組み立て方」を学ぶ初歩ともいえる。そのためには，「話しの設計図」をしっかり描いてから始めることである。これは，プレゼンテーションの基本であり，原点なのである。

［ポイント］
- 全体像を話す
- 情報は，必要なものを，最小限選ぶ
- 何をどのように話すか，組み立てを考える
- センテンスを短くする

（2）Sさんの家までの道順の説明

演習 VI-1 ゼミの仲間がSさんの家に集まることになった。リーダーのもとに，Sさんの家までの地図と説明文がFAXで届いた。説明文に従って，S宅までの道順を描いてみよう。

Sさんから届いた道順の説明〈例〉

私の家までの道順をお伝えします。
　JRのN駅で降りますが，改札は1つしかないので，その改札を出ると国道Xに出ますが，向かい側には銀行があり，手前の喫茶店の角を右に曲がりまっすぐ行くと，信号の交差点があり，右側にレストラン，左側にスーパーがあり，そのまま進むとまた信号の交差点があり，信号の手前の左側にカメラ屋，右側におもちゃ屋があるので，そこを右に曲がって踏み切りを渡ると十字路に出ます。左側にクリーニング，右側に肉屋があり，そのまま行くと道路に突き当

> たりますので，花屋のところを右に曲がり，次の角に駐車場がありますので，そこを左に曲がると3軒目が私の家です。
> お待ちしています。

[演習の手順]
① テキストは閉じる
② 1名がクラスの前に出て，演習 Ⅵ-1 の説明文を1回説明する。質問は受けない
③ 4～5名の学生が前に出て，説明を聞きながらボードに地図を描く
④ 他の学生は自分のノートに地図を描く
⑤ 説明が終わったら，OHP や OHC（教材提示装置）を使って，テキストの地図をスクリーンに映し，各自の描いた地図と比較する。目的地までの略図が描けなかった場合は，説明のどこがまずかったのかを検討する

（3）地図説明のポイント

Sさんの自宅までの説明は，細かい場所説明から始まり，センテンスが長く，終わりまで切れ目なく続くので，この先どこまで行くのか聞き手は不安になるだろう。
そこで，道順を説明するときの話しの組み立てや話し方について，大切なポイントをチェックしてみよう。

1．はじめに全体像を伝える（大見出し）

「JR の N 駅の改札を出て，およそ500メートル，歩いて8分ほどの所です。」
　　駅からの距離と歩く時間がわかるので，聞き手はこれを目安にできる。
「自宅は，駅の出口とは反対側，斜め右の後ろの方角に当たります。」
　　駅という起点と到達点との関係がおよそつかめるので，それを手がかりに行動を起こすことができる。道順の場合は，まず「全体像」を伝えることが話し方の基本。

2．次に部分的に説明する（小見出し）

○センテンスを短くする
○見ている視点（この位置から説明する）や，行く先を明確にする
　　「N 駅の改札口は，一カ所です。改札口を出てそのまま進みますと，すぐに国道 X に交差します。右手角の喫茶店に沿って右折してください。」
○行動を起こす聞き手の立場に合わせて説明する「手順に従って」

○情報の伝え方は，大切な情報を先に，それを補完する情報は後にする
○大事なポイントはくり返す
「このまま2つ目の信号まで歩いてください。約300メートル，およそ5分です。」
○情報は欲張らない。あれもこれもは混乱する
地図上のすべての情報を伝えると聞き手は混乱する。曲がる所や迷いそうな所の情報をしっかり伝えることが肝心である。
「2つ目の信号の手前，右角にはおもちゃ屋の「プッチー」があります。このプッチーに沿って右折してください。」

この説明は詳しい地図を描くのが目的ではない。要は目的地に着くために，最もわかりやすい道順を示すことにある。
では，改めて全体を通してSさんの家までの道順を説明してみよう。

Sさんの家までの地図説明〈わかりやすい例〉

私の家までの道順をお伝えします。
JRのN駅で降りてください。N駅の改札口は1カ所です。
改札口を出ると，自宅は駅の出口とは反対側，斜め右の後ろの方角に当たります。
駅から自宅まではおよそ500メートル，歩いて8分ほどです。
改札を出ますと，すぐに国道Xに突き当たります。
右手角の喫茶店に沿って右折してください。
右折したら2つ目の信号まで進んでください。約300メートル，およそ5分です。
2つ目の信号の手前右角には，おもちゃ屋の「プッチー」があります。
この「プッチー」に沿って右折してください。ここからおよそ3分です。
すぐに踏み切りがありますので，これを渡り，T字路まで歩いてください。
右角に花屋さんがあります。この花屋さんに沿って右に曲がります。
まもなく左手に駐車場が見えます。駐車場の角を左に曲がってください。
左側の3軒目が私の家です。お待ちしています。

この地図説明を参考に，もう一度やり直してみよう。何度かくり返して話すうちに，"まず全体像を伝え，情報は必要なものを最小限選び，話しの組み立てを考え，センテンスを短く話すコツ"が身についてくるだろう。地図説明は「プレゼンテーションの原点」であることを体得してほしい。この演習を参考に，自宅や大学までの道順を紹介してみよう。
プレゼンテーションの基本ともいえる「地図説明」には，聞き手にわかりやすく説明する話し方のノウハウがすべて含まれているのである。

現在では，インターネットやナビゲーターの利用で，目的地への地図情報はすぐに入手できるようになった。しかし，情報がありながら目的地に行けない場合や，近くまで来て迷ってしまい，先方に電話で確かめることもある。

　また，電話でこちらまでの道順をたずねられたり，行きずりの人から道順を聞かれることも多い。必要な情報を簡潔にわかりやすく伝えるプレゼンテーション能力を身につけ，日常のさまざまな場面で有効に活かせるようにしよう。

Ｓさんの家までの地図

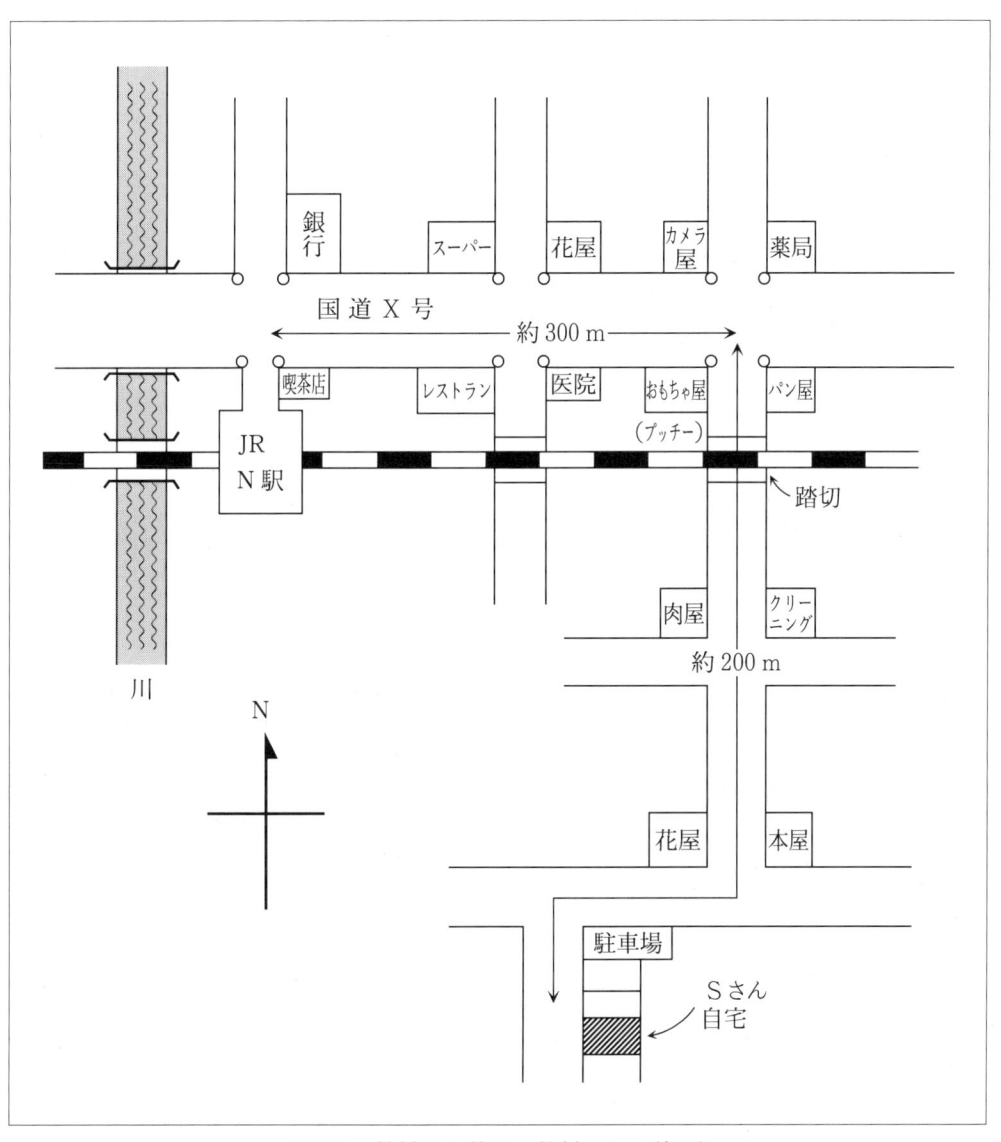

（OHP・教材提示装置の教材として使用）

2．卒論の発表

（1）卒論発表に備えて

　もう，ここではどのように原稿をまとめるか，どのようにプレゼンテーションをするかについてはふれない。ただ，今回は学生生活やアルバイトの経験を語るのとは違って，卒論の学問的な意味についても問われることになるので，以下の点には十分に配慮してほしい。

① 研究目的を明確に
　　そのテーマを研究する意義がどこにあるのか。なぜ，今までの説ではいけないのかをきちんと伝えること。
② 誰でも理解できるか
　　一般常識として誰もが知っている知識なのか，それとも専門的な知識なのかをよく考えながら原稿を作成すること。また術語（専門用語）の使用についても気をつけること。
③ オリジナリティを明確に
　　論文は，自分が調べてきたことをそのまま書き写したものではないし，感想文でもない。自分の考えがどこにあるのか，なぜ，そのような意見になるのかを明確にすること。

（2）構想メモを作る

　ここで取り上げるのは，下記の条件で行なわれた宮沢賢治についての卒論発表である。

　　タイトル：　「宮沢賢治『銀河鉄道の夜』論　―母の物語―」
　　発表時間：　20分（うち質疑応答5分）
　　参加学生：　75名，教員5名
　　場　　所：　大教室（パソコン，パワーポイント使用可）
　　設　　備：　マイク，ボード，パソコン，スクリーンなど
　　備　　考：　質疑応答あり
　　　　　　　　出席者はほとんど専門知識をもっていない

VI章　ケース・スタデイ　117

演習 VI-2　自分たちの大学の指定にあわせて，卒論発表の構想メモを作ってみよう。

［導入］『銀河鉄道の夜』に登場するジョバンニの，病気で寝込んでいる母については，先行研究がほとんど取りあげていない。

［展開］ジョバンニの母親は当時，不治の病といわれた結核を患っていたと考えられる。

⇓

初期形（大正12年頃に執筆開始）における「母」には，賢治の妹トシが投影？
 → 賢治の妹トシは，大正11年11月に結核で病没
 → 母に対するジョバンニの気づかいとは，トシに対する賢治の気づかいである
 ⇒ 賢治は妹のために「ほんとうの幸」を探しに行こうとしていた

後期形（昭和6年頃に推敲）における「母」には賢治が投影？
 → 賢治自身は，昭和6年9月より病臥（昭和8年9月に結核で病没）
 → ジョバンニに対する母の気づかいとは，読者への賢治の遺言である
 ⇒ 読者である子ども達に「ほんとうの幸」を探しに行ってほしいと願っている

［結び］『銀河鉄道の夜』において，病気で寝込んでいる母親とは妹のトシであり，賢治であった。そう考えることによって，妹のために「ほんとうの幸」を探す物語であった『銀河鉄道の夜（初期形）』は，次代を担う子供たちに「ほんとうの幸」を探し求めてほしいという賢治のメッセージが託された『銀河鉄道の夜（後期形）』に変化していることが明らかになる。

（3）切り詰めるテクニック

　はじめは発表時間が「15分もある」と思っていたのに，いざ原稿を書き始めると，「15分しかない」と思うようになった人もいるのではないだろうか。そこで「いかに切り詰めるか」について，いくつかのヒントを挙げておこう。

① 省ける情報を探す
　　発表者の名前は省けなくても，学年や出席番号は省けるはず。
　　また，参考文献の筆者名は省けないが，書名や論文名はレジュメに書いておけばよい。出版社名や出版年月も発表には不必要。

② 論点をしぼる
　　たとえ重要な発見であっても，本筋からそれることについては思い切って削除する。「卒業論文」と「卒論発表」とは別のものなのだと開き直った方がよい。

③ 図表を用いる
　　数字を読み上げても，よほど注意深く聞いていないと，聞き手はその意味する

ところが理解できない。口頭で説明するよりも、系図や組織図、地図などを見せる方がずっと効果的であり、時間も節約できる。

環境が整っていれば、音声や映像を使うことで時間の節約もできる。

④　原文引用をやめ、要約する

先行文献を引用する際、つい長々と引用してしまいがちだが、思い切って要約すると字数が節約できる。そもそも外来語や漢語が多く交じった文章語による原文を引用するより、言い換えた方が聞き手にはずっと理解しやすい。

演習 Ⅵ-3　自分たちの大学の指定にあわせて、卒論発表の原稿を書いてみよう。

（4）原稿を書く

ここでは導入部分と発表の際に使われたパワーポイントのスライドを例示しておく。

［導入］

> 　倉木麻衣子です。私は宮沢賢治の『銀河鉄道の夜』についてお話ししたいと思います。
> 『銀河鉄道の夜』に関する論文はたくさんあるのですが、そのうちのいくつかの論文を読んでいるうちに、私は不思議なことに気付きました。それは重要な登場人物だと思われるジョバンニの母親について言及している人がほとんどいない、ということです。
> 　猟師をしているジョバンニの父がなぜ戻ってこないのかについては、吉本隆明氏をはじめ多くの人が触れています。ところが、病気を患って家で寝ているジョバンニの母について取り上げる人は、ほとんどと言っていいくらいいないのです。
> 　そこで私は、ジョバンニの母とは、いったいどういう役目をもっていたのかについて考えてみることにしました。

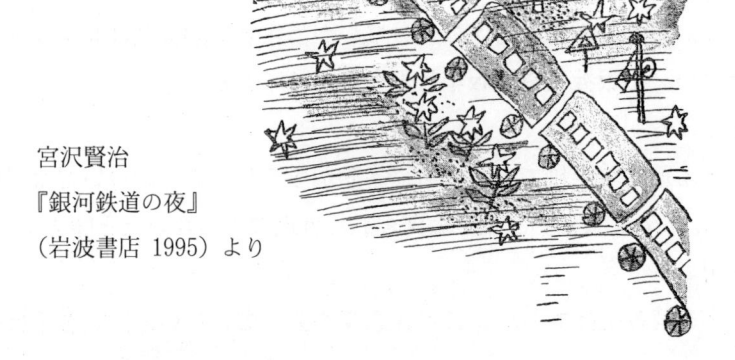

宮沢賢治
『銀河鉄道の夜』
（岩波書店 1995）より

スライド

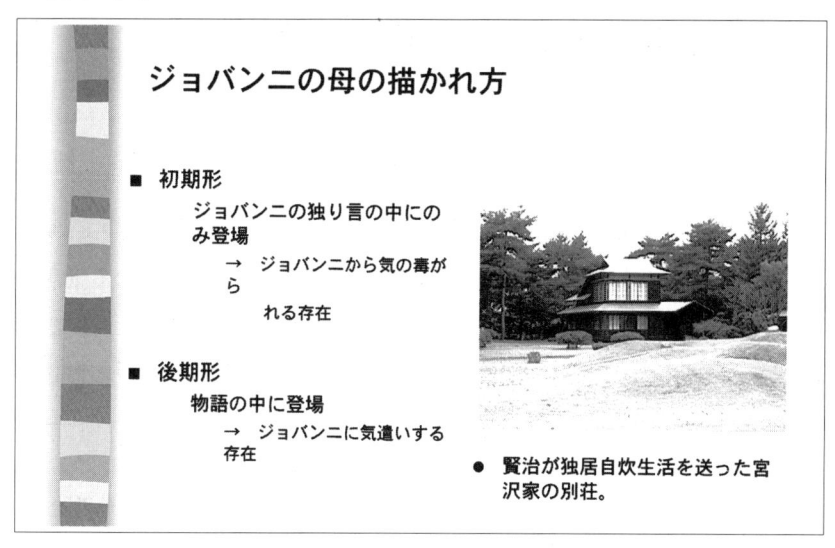

> ### ジョバンニの母の描かれ方
>
> - **初期形**
>   ジョバンニの独り言の中にのみ登場
>   → ジョバンニから気の毒がられる存在
>
> - **後期形**
>   物語の中に登場
>   → ジョバンニに気遣いする存在
>
> ● 賢治が独居自炊生活を送った宮沢家の別荘。

（5）質疑応答

　プレゼンテーションの後に質問を受ける経験はこれまでにしていると思う。が，卒論発表ではかなりシビアな質問や答えの見つかりにくい質問をされる可能性がある。その心構えは『プレゼンテーション演習Ⅰ（樹村房）』（p.34, p.74）に指示されているが，以下の諸点にも気を配ろう。

① 感謝の念をもって誠実に，簡潔に
　　わからないことは「わからない」と，はっきり答える。
　　質問は「していただく」もの。教えてもらったことはメモにとって，今後の研究や推敲に役立てる。そして「ありがとうございました」の一言を。

② 質問事項をメモする
　　一度に3～4つの質問をされることは普通。何を質問されたか忘れないようにメモを取りながら聞くこと。

③ 質問の意図を確認する
　　答える前に，まず相手の質問を要約して，その意図を確認する。質問の意味がわからない時は，くり返して言ってもらうようにする。

④ 新しいデータの提示
　　卒論発表は卒論を要約したもの。卒論には書いてあってもプレゼンテーションでは割愛してしまったことを，この場で述べておこう。事前に質問が予想できる時は，あらかじめ資料を用意しておいてもよい。

3．企画立案をしてみよう

（1）企画とは

　企画とは，一般に「計画を立てること」をいうが，ビジネスの場においては，「ある目標を達成するために，現状を打開し，課題を解決し，全体から細部にわたる構想をとりまとめ，提案するための提案内容および提案をまとめる過程の作業」といえる。課題とは現状と期待との差である。企画は，アイデアを提供するだけではなく，実行した後の成果が問われるので，次の要素が必要となる。

企画する背景	企画するための能力	企画を通すための能力	通る企画の条件
① クライアント（取引相手先）からの依頼 ② 上司からの依頼 ③ 自発的な企画立案	① 問題発見能力 ② 課題解決能力 ③ 企画を創造できる能力	① 企画依頼者を説得できる能力 ② 企画がビジュアル化できる能力	① ユニークなアイデア ② 高い実行可能性 ③ 期待できる大きな成果

（2）企画立案の流れ

　企画は，「オリエンテーション」から「企画書の作成」に至るまでの手続きを経て立案される。その後，直接，依頼者（意思決定者）に説明できる機会がある場合には，プレゼンテーションを行なうことになる。それは，工事などの入札から商品開発，業務改善など，さまざまな場面が想定され，それらの各ステップにおける留意点は次頁に示すとおりである。

ステップ1	**オリエンテーション**（課題の依頼・提示・発生） ① 企画依頼者から「どのように解決したいのか」をしっかり事情聴取する ② 課題のバックグラウンド，必要性，企画依頼者の意図を正確に把握する 　（企画を立案する上で最も基本となる重要なことである）
ステップ2	**テーマの明確化**（課題の絞り込み・目標の明確化） ① テーマを明確化し，最善の課題解決目標を決定する ② チームで企画をする場合，コンセプトの立案には発想技法が有効 　（ブレーンストーミング，マトリクス発想法，KJ法など） ③ ブレーンストーミングには，メーリングリストも有効である
ステップ3	**情報収集・調査・分析**（立てた仮説を検証しながら情報収集・調査・分析） ① 一次データを収集する（調査には費用と時間が必要） ② 各調査機関が無料で公開している調査データを活用する ③ ホームページを活用したアンケート調査では費用と時間が軽減できる ④ 二次データの有効活用も考える
ステップ4	**コンセプトの立案**（課題解決目標の設定） ① オリエンテーションの内容を再確認する ② チームで企画する場合には，企画会議を開催する
ステップ5	**全体構想の構築**（課題解決策の全体的構想をまとめる） ① 収集した情報から仮説を設定する ② チームで企画する場合には，企画会議を開催する
ステップ6	**具体計画の立案**（立てた仮説を検証しながら企画の立案） ① 具体的演出方法を計画書としてまとめる（収集した情報を裏付けとする） ② チームで企画する場合には，企画会議を開催する
ステップ7	**企画書の作成**（実行可能性と効果の高さを明確にまとめる） ① 問題解決すべき課題を確認する ② 背景，企画の必要性，解決方法，企画の内容，企画概要，具体的内容，手順，効果，運営計画などを検討する ③ 添付すべき資料を厳選する
ステップ8	**プレゼンテーション**（企画依頼者を説得し，動機づける） ① 効果的な説得方法を用いて，企画の説明，説得を行なう 　（模型・見本，OHP，OHC，プレゼンテーション・ソフトなどを用いる） ② 問題があればステップ5へ戻る
	企画の実行・評価（企画を実施・評価し，課題があれば解決する）

オリエンテーション用シートの記入例

依 頼 先 (所属・役職・氏名)		健康フード株式会社 (商品開発部 部長 二階堂麗子)	日　時	平成○年10月1日 14：00～16：00
			記録者	木村拓郎
概要	企画の種類	商品コンセプトおよび販売戦略企画		
	前提条件	① 健康食品ブームで類似品が多く，差別化が図りにくい ② 明らかな効果のある商品が少ない		
	内　　容	① 安全で効果のある商品を開発したい ② 安定した取引先を確保したい ③ 競合他社と差別化を図りたい ④ 企業イメージをアップさせたい ⑤ ブランドとして定着させたい		
	ターゲット	女性（20代～50代）		
	対象エリア	主要都市部		
	作業範囲	商品コンセプトの提案，イメージ戦略の企画，企画書の作成		
	予算規模	実施予算：××××万円（CMを含む）		
	意思決定者	専務（営業担当取締役）：佐野剛史氏		
プレゼンテーション	提出成果物	企画書，CMイメージ資料		
	日　　時	平成○1年1月20日		
	出席者	社長，専務，常務，営業部長，商品開発部課員，営業部課員		
	会　　場	健康フード株式会社本社　18F役員会議室		
	競合先	株式会社美容食品，ロイヤルフーズ株式会社		
	その他	① OHCおよびパワーポイントを使用 ② プレゼン用機器は依頼主が準備		

（3）オリエンテーション・シート

　信頼されて企画立案する場合には，依頼者の課題を聞き取るときに，前頁のようなオリエンテーション・シートを用いることが多い。解決すべき課題の背景を把握してから，テーマを明確に設定する。このシートは，コンセプトを立案し，企画をまとめる際の意思決定のよりどころともなるものである。

（4）企 画 会 議

　企画会議の目的は，多種多様なアイデアを出し，斬新で効果的な実現可能性の高い企画を立案することである。そこで，さまざまな課題について問題点を分析し，その解決策を考え・まとめる創造会議によって会議を行なう。最初にアイデアを出し合った後，出されたアイデアを評価してまとめるための会議を行なう。企画の規模によって，進行の調整が必要であれば「伝達会議」，メンバー間の仕事の調整が必要であれば「調整会議」，さらに最終案を決定するために「決定会議」を実施することになる。

（5）企画書の作成

　企画書とは，オリエンテーションで出された課題に対する回答書となるべきものである。企画書は長く困難な企画立案作業を経て作成されるが，どのような立場の人が見てもわかる内容でなければならない。

a. 企画書の種類
　企画は状況に応じた斬新さが求められるため，定型化せず，状況を分析してそれぞれのケースに対応させて展開することが必要である。

企画書の種類とその内容　[例]

種　　類	内容および留意点
事業計画書	事業の背景，事業としての収支予測 事業企画立案，事業実施計画
商品開発企画書 販売促進企画書 広告企画書	アイデア，期待する効果の実現 ターゲットの志向などの初期需要予測 販売支援策，プロモーション企画，コストパフォーマンス 企業イメージ，商品イメージ，売上アップ
プロジェクト推進企画書	プロジェクトの目的 期間，具体的な活動内容

b. 企画書作成の留意点

企画採択の意思決定者をひきつける企画書にするために，次の点に留意するとよい。

企画書の「かきくけこ」	説得の心理「AIDCAの法則」
か た ち（ 型 ）：企画書のフォーム化 き り く ち（切り口）：訴求点の明確化 く ふ う（工 夫）：創意工夫のアイデア け い と う（系 統）：全体の一貫した筋 こ　　る（凝 る）：独自性	Attention（注目） ：注目する Interest（興味） ：興味をもつ Desire（欲求） ：欲求を引き起こす Conviction（確信）：欲求を確信する Action（行動） ：決定に従い実行する …………………………………………… 潜在的な欲求を掘り起こし，夢を与える

c. 企画書の構成

企画書の量を重視した時代もあったが，昨今の企画書はなるべくコンパクトにまとめる傾向にある。

3枚企画書の例

タイトル	企画の必要性	企画の内容
提出日 内容の目次 企画立案者名	① 企画名称 ② 課題の確認 ③ 企画背景 ④ 解決方針，等	① 企画概要 ② 具体的内容 ③ 運営計画，等
表紙：1枚目	2枚目	3枚目

　企画書は1枚もしくは3枚までの内容で作成できることが望ましく，資料・データ類は別に添付し，企画内容がすっきりわかりやすいことは必須条件である。上記3枚企画書の例のように，表紙に「タイトル」「企画依頼先」「提出日」「目次」「企画立案者名」を記入し，表紙を含めて3枚にまとめる場合と，表紙を含めずに内容を3枚とする場合がある。

　企画が大規模であったり，ビジュアル化することによって企画書の枚数も多くなるが，10枚を超えないように心がけたい。また，企画の裏付けとなる資料や意思決定に必要なデータ類は別冊にするか，企画書の巻末に添付する。10枚企画書の例を次頁に示す。

10枚企画書の例

表紙: タイトル／提出日／内容の目次／企画立案者名

1枚目 要約: 本企画の概要で、課題の確認から全体構想、運営計画、結果までを簡単にまとめる

2枚目 課題の確認: オリエンテーションで明らかになった課題
- 経営上の問題点
- 打開したい現状
- 実現したい目標　等

3枚目 企画背景: オリエンテーションで明らかになった背景
- 経営環境
- 経済事情
- 取引先との関係
- 社内事情
- 顧客ニーズ等　等

4枚目 全体構想: 課題と目標 → ステップ1 → ステップ2 → 成果・成果・成果

5〜8枚目 具体内容: 全体構想に挙げた項目（顧客ニーズへの対応・競合他社への優位性・費用・利益・コストパフォーマンス等）に関して、具体的な企画案をビジュアル化して示す

9枚目 運営計画: 今後のスケジュール（アクション）　仕入・製造・マスコミ対策・営業販売・パイロット店 → キャンペーンの実施

10枚目 代替案: 代替案が必要な理由
- 全体構想が意思決定者の納得が得られない場合
- 捨てきれない案がある場合　等

d．企画書のビジュアル化

1分間で伝達できる情報量は、ビジュアル化したものを提示すると2,000字分に相当するといわれる。効果的にビジュアル化できると、かなり多くの情報を伝えることが可能となる。また、OHPシートなどの1画面は約2〜3分で説明する情報量が適切といわれることから、ビジュアル化したものを補足説明するには、口頭で約800字分の内容になっているのが望ましい。

① 情報ビジュアル化のメリット
- 多くの情報をまとめて正確に伝達でき、伝達効率がよい
- わかりやすく、理解しやすい
- 印象に残りやすく、記憶しやすい
- 見やすいので疲労感を与えず、読む気にさせる

② ビジュアル化の特徴と方法

種類 表現内容例	目的と特徴	留意点
写真・イラスト ・実写 ・合成，加工 ・イラスト	実際に現物を見ることができなくても，写真やイラストは，事実を示したり，イメージさせることができるので，非常に効率的に情報を伝達することができる	写真：あらゆる角度を用意する 合成：事実と混同させない イラスト：イメージ優先になり，事実を湾曲し，過大表現になりすぎないように注意を要する
表 ・分類表 ・比較表 ・スケジュール表	情報を数値化することで，客観的事実がシンプルに示されるので，的確で正確に情報を伝達することができる	適切なタイトルを使う 表頭，表側を適切に設定する
グラフ ・量の比較 ・構成比率の比較 ・時系列の推移	情報が示す傾向や状態を瞬時に伝達することができる	適切なグラフを使用しなければ意味がない　　　　（次頁参照）
チャート ・流れを示す ・相互関係を示す ・構造を示す ・階層を示す	プロセスや概念となる言語情報を線・矢印・枠などを使い構造化して，ビジュアル化したもの 複雑になる内容をイメージとして伝えることができる	伝えたい情報に関する適切なキーワードを抽出・使用し，キーワードの関係を適切に図解する できる限りシンプルに表現する
実物見本・模型 ・配布用見本 ・展示用模型	完成品を見ることができるので効果が予測しやすい	強調したい点がクローズアップできるように，見せるタイミングを配慮する

グラフの種類と使用目的

目的	推移	比較	構成
構成	層グラフ 積み上げ棒グラフ	層グラフ 積み上げ棒グラフ	円グラフ 帯グラフ 面積グラフ パレート図
比較	棒グラフ 複合線グラフ 複合棒グラフ 層グラフ 重ね合わせグラフ Zチャート 管理図	棒グラフ 面積グラフ	
推移	線グラフ 棒グラフ 動線グラフ		

e. 企画書ビジュアル化の留意点

印象的で効果的な企画書を作成しようとする場合には，次の点に留意するとよい。

① テ ー マ：明確にする。
② 内　　　容：資料やデータは信頼できる機関が発表しているものを使用する。
③ レイアウト：全体を統一したレイアウトにする。見た目の類似性ですっきりとまとめる。1頁内のまとまりは5つくらいまでにする。
④ 1頁の情報量：背景と紙面が半々になるように，余白を適度にとる。OHP用シートを用いる場合は，1頁1グラフにし，1頁は3分以内で説明できる情報量を考える。
⑤ ドキュメントの基本構成：述べたいことを2～4項目の箇条書きかチャートにする。
⑥ 文字の形と大きさ：6種類以内にする。
⑦ ビジュアル化：調査結果・データを効果的に見せるため，グラフなどを用いる。折れ線グラフの線（実線・破線・鎖線・点線）は3本，円グラフは6項目を超えると見にくくなるので，それを超えるときは分けるか，オーバーレイ法（重ね合わせ法）を用いる。
⑧ 伝達メディア：使用できるメディアのうち，効果的な演出ができるものを使用する。

演習 Ⅵ-4 p.122に例示したオリエンテーション・シートに関する内容を3枚企画書にまとめ，プレゼンテーションのシナリオを描いてみよう。オリエンテーション・シートに実際のデータなどを付加して企画書を作成してもよい。

シート1

シート2

シート3

4. 会社紹介をやってみよう

これまで学習してきたことを活用して，会社紹介についてまとめてみることにしよう。学生のときは会社を紹介される立場であったが，社会人になると，自分の会社がどのような会社か，いろいろな場でさまざまな人に説明する機会が多くなる。どのような方法を用いて，どのように紹介したらよいか，考えてみる。

（1）ビデオを活用しよう

これまでの学習では，**編集されたビデオの利用**は経験したが，ここではビデオを作ることを考えてみよう。**会社を紹介するビデオを企画する，編集する，そして活用する**ことによってプレゼンテーション・スキルの向上を図る。

a．ビデオ編集システム

まず，ビデオの作成・編集はどのように行なわれるのか，そのシステムを概観する。

（NTT 資料参照）

ノンリニア編集システム

［ビデオ編集の準備］

映像・音声素材(ビデオクリップ)／タイトルなどの背景およびビデオ前後に使う余白素材(カラークリップ)／映像に挿入するタイトル素材(タイトルクリップ)の作成

① DVCAM ビデオカセットレコーダー（DSR-85）からの取り込み
② S-VHS ビデオカセットレコーダー（SVO-5800）からの取り込み
③ DVD／LD プレーヤー（DVL-919）からの取り込み
④ 外部入力からの取り込み
⑤ CD プレーヤーからの取り込み
⑥ MD レコーダーからの取り込み
⑦ タイトルを作成
⑧ タイトルバックの作成

b．ビデオの編集

クリップビンウィンドゥに作成されたビデオクリップをタイムラインに貼り付け，トリミング／エフェクト／タイトル挿入／音量調整などを行ない，一つの作品を作成する。

① クリップをタイムラインへ貼り付ける
② ビデオエフェクトで作品に特殊効果を付ける
③ ビデオクリップの音声の調整

スタジオで「会社紹介のナレーションの撮影」

スタジオの機器システム

（2）会社を紹介するシナリオを書いてみよう

[シナリオの構成]

　柱（場所の指定），せりふ（会話），ト書（登場人物の出し入れ，動き，場面の状況）などを指定し，**箱書き（構成表）**を作る。

- せりふ（台詞，科白）は，わかりやすく，しかも画像を見ていればわかるような不必要な説明は避ける。
- せりふの表現には，一人で話す形式，聞き手と話し手がいて会話形式で行なうもの，ドラマ仕立てにするもの，ドキュメンタリータッチで話すもの，などがあるが，会社紹介の目的や趣旨にあった形式を選択することが大切である。

- 会社紹介は，**誰**（年齢，性別，職位，社内・社外，自国・他国など）に対して行なうのか，**どこ**で行うのか，**時間**はどのくらいか，**予算**はどのくらいか，によって構成は変わってくる。

シーン1の例

	画　像
	音　楽
	音　響
	せりふ

◆最初の見積りをきちんとしておこう。

「会社紹介」ビデオ見積り

紹介する相手	
紹介する場所	
紹介する時間	
ビデオ作成予算	

演習 Ⅵ-5 会社紹介でビデオを使うメリットはなにか。＜ビデオ情報の特性＞ から考えてみよう。

（3）資料情報を活用しよう

　会社紹介における資料情報には，パンフレット，リーフレット，リクルート情報誌などを挙げることができる。これらを活用することも有効である。
　次に，これらを作成するために基本となる ＜企業概要＞ を作ってみよう。

企　業　概　要

企　業　名	
代　表　者	
本社所在地	
特　　　色	
事 業 内 容	

設立（　　　　）年　　株式（　　　　　）　　資本金（　　　　　　）

総資産（　　　　　　）　　株主資本（　　　　　　）

従 業 員	男（　　　）人	平均年齢	男（　　　）歳
	女（　　　）人		女（　　　）歳
	計（　　　）人		計（　　　）歳

株　　　主	
役　　　員	

［業績］
　　年　売上高　営業利益　経常利益　利益1株益（円）　1株配（円）

演習 Ⅵ-6 売上構成をわかりやすくグラフにしてみよう。
（どのようなグラフが最適か考えて）

［売上構成］

　　　食材（冷凍食品・チルド食品他）　32.2%
　　　業務用液体調味料　　　　　　　　24.7%
　　　家庭用品　　　　　　　　　　　　18.5%
　　　業務用粉体調味料　　　　　　　　14.0%
　　　小袋調味料　　　　　　　　　　　 8.6%
　　　その他　　　　　　　　　　　　　 4.7%

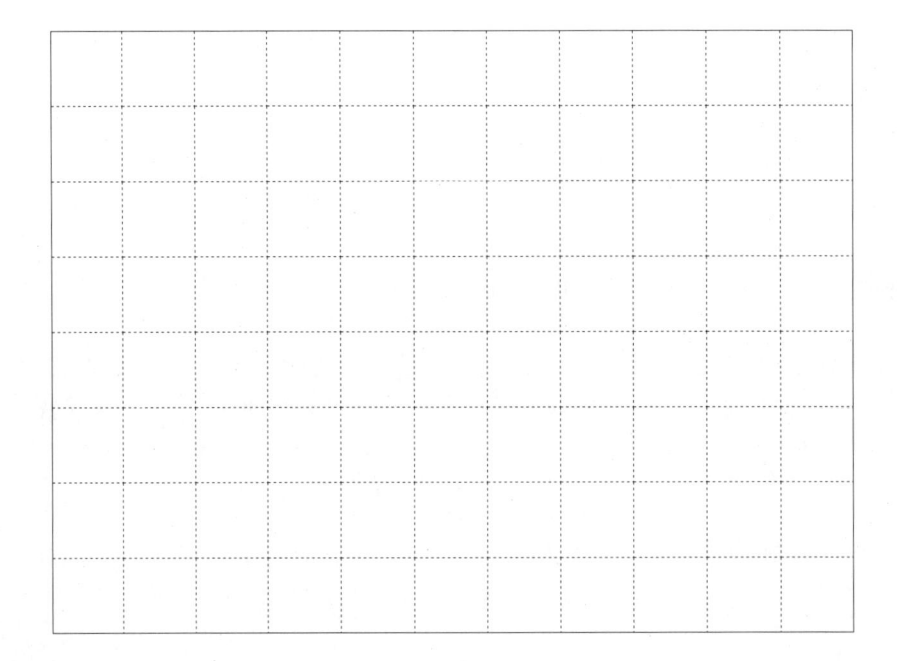

演習 Ⅵ-7 会社案内・本社案内図を作成し，実際に説明してみよう。

演習 VI-8 あなたは人事部に所属している。来年度の求人計画ができ，Job Fair（企業を学内に招いてプレゼンテーションなどを行なう就職フェア）に参加するように指示された。さて，どのように会社説明をしたらよいか，考えてみよう。

どのように	説　　明
1. アポイントメントをとる時にはどのように話しをするか	
2. 就職担当者に最初に会った時，どのようにあいさつするか	
3. 採用計画についてどのように説明するか ・持参するものは ・使用するツールは ・説明する事項は	

演習 VI-9 あなたの好きな会社の説明を，実際にやってみよう。

演習 Ⅵ-10 会社説明が終わった。さて，出来具合はどうであったか。次の「セルフチェック・シート」を使ってチェックしてみよう。

セルフチェック・シート

1：悪い　2：やや悪い　3：普通　4：やや良い　5：良い

服　装

① 襟元(えり)は乱れていないか

　　　　　　　　　　　　　　　1　2　3　4　5

② 服にしわはないか

　　　　　　　　　　　　　　　1　2　3　4　5

③ アクセサリーの使用は適切だったか

　　　　　　　　　　　　　　　1　2　3　4　5

④ ヘアスタイル，ヘアカラーはどうか

　　　　　　　　　　　　　　　1　2　3　4　5

⑤ マニキュアはつけた方がよいか

　　　　　　　　　　　　　　　1　2　3　4　5

⑥ メイクは適度なものであったか

　　　　　　　　　　　　　　　1　2　3　4　5

発表の姿勢

① 背筋が伸びてきちんとした印象を与えられたか

　　　　　　　　　　　　　　　1　2　3　4　5

② 発表の際の身体の動きは疲れた印象などを与えていなかったか

　　　　　　　　　　　　　　　1　2　3　4　5

③ 指示棒の使い方はどうか，内容と一致していたか

　　　　　　　　　　　　　　　1　2　3　4　5

④ 声の大きさや調子，緩急や強弱はどうか

　　　　　　　　　　　　　　　1　2　3　4　5

⑤ 発表は聞き手にとってメモやノートをとる余裕を与える速度であったか

　　　　　　　　　　　　　　　1　2　3　4　5

⑥ 時には真剣・和やかなど，内容に応じた表情であったか

　　　　　　　　　　　　　　　1　2　3　4　5

アイコンタクト
① 原稿や下を見たりしないで聴き手の眼を見ながら話すことができたか
　　　　　　　　　　　　　　　1　　2　　3　　4　　5

② 眼の動きが不安や落ち着きのなさを与えるものであったり，睨むような様子ではなかったか
　　　　　　　　　　　　　　　1　　2　　3　　4　　5

ツールの活用
① ＰＣ（パワーポイントなど）などを有効に使って発表することができたか
　　　　　　　　　　　　　　　1　　2　　3　　4　　5

（4）IR (Investor Relations)

　IRとは，企業が資本市場で正当な評価を得るため，株式と社債の投資家を対象に実施する広報活動で，一般の人々を対象に企業活動全般を理解してもらうPR（パブリック・リレーションズ）とは異なる。

　IRは，企業の業種はどうか，資金を投じても大丈夫かを投資家に示し，資金調達をはかるものである。このIRにおけるプレゼンテーションによって資金調達がうまくいくかどうかが左右されるといっても過言ではない。

　IRに必要な資料としては，市場が関心をもつ事実やデータに，企業の判断を加えて公表することが不可欠である，といわれる。実際には決算発表後の説明会や，工場や施設の見

学会,投資関係者との個別面談などで行なわれる。また,アニュアルレポートや株主通信などによって定期的に資料・データを発信したり,最近ではインターネットを活用し,「IR on the web」を開設するなどのIR活動も行なわれるようになっている。

　すなわち,今日ではほとんどの企業が自社HP（ホームページ）をもち,IRと明示したサイトをもっているといわれる。IRサイトには,個人投資家にもアナリストや機関投資家とほぼ同じレベルの情報提供を可能にし,自宅のパソコンで経営戦略や決算内容,最新情報を知ることができる。また,説明会が動画配信され,経営陣の紹介ページから個別の役員の過去のスピーチ内容も見ることができるものもある。

　日本インベスター・リレイションズ（IR）協議会（Japan Investor Relations Association＜JIRA＞ http://www.jira.or.jp/1-1/1-1down.html）にアクセスすると,次のような情報を入手することができる。

- IR活動実態調査（概要）
- IR活動チェックリスト
- 電子開示について
- 証券取引所,証券団体リスト
- アナリストランキング
- 投資会社の詳細情報
- 主要格付け機関,格付け記号概要（長期債）
- 各種リスト（主要機関投資家,主要リサーチハウス,国内証券会社,報道機関）
- IR活動メニューとポイント
- 適時開示情報および提出資料
- 決定広告一覧および公告掲載料金
- 最新上場規定（概要）
- IR優良企業紹介
- 投資顧問契約資産ランキング
- IR支援会社概要

ＩＲサイトの項目（日本経済新聞参照）

- 会社概要　・経営戦略　・英語,日本語の表記　・決算短信
- 新しい内容の明示　・財務指標のハイライト数字　・20分遅れの株価,日足,月足
- 事業報告書,株主通信,株主優待　・更新日の日付　・サイトの全体図
- E-mailでの質問受け付け・回答　・株式売買高・株主構成　・業績予想
- 検索機能　・環境会計　・アニュアルレポート
- 業績予想などに対する法的文言　・上場来の株式配当・分割　・説明会（動画・音声）
- よくある質問の答え　・IRイベントカレンダー　・IRの基本方針
- 株主総会の通知内容と結果　・有価証券報告書などの提出義務付けデータ
- ビジネスモデルの経営リスク情報　・担当アナリストの一覧など

演習 Ⅵ-11 IRサイトにおける会社紹介の重要性は今後ますます増加すると予測される。実際にIRサイトにアクセスし，各社のホームページ（HP）における自社紹介の有効性を比較してみよう。

	企 業 名	IRサイトの他の会社と違う点	IRサイトの他の会社と同じ点
①			
②			
③			
④			
⑤			
⑥			
⑦			

参 考 文 献
(書名の50音順)

松本茂『頭を鍛えるディベート入門』講談社　1996。
秋山和平『あなたが生きる話し方』NHK出版　2000。
細田咲枝ほか『Eメール・履歴書・エントリシート成功実例集』高橋書店　2000。
田中雅英ほか『インターネット就職活動』早稲田教育出版　2000。
福田健『会議ミーティングの上手なやり方』かんき出版　1995。
『会社四季報』東洋経済新報社　2000春。
青山昌平，海田夏生『企画の立て方・企画書の書き方』日本能率協会マネジメントセンター
QCサークル本部『QCサークル活動運営の基本』日本科学技術連盟　1986。
松田亀松『QC・TQCがわかる事典』日本実業出版社　1986。
古谷治子『クレーム電話　よい対応はここがちがう』かんき出版　2002。
内山辰美『3分間スピーチ訓練法』かんき出版　1999。
本多聰行『仕事はプレゼンテーション能力で決まる』パル出版　2000。
内藤誠・桂千穂・如月小春『実感的シナリオ講座』風媒社　1986。
NHK編『実践話しことば』日本放送出版協会　1990年4月-9月。
新井一・原島将郎『シナリオの基礎Q&A』ダヴィッド社　1990。
田地眞六『社員研修ここがポイント』経林書房　1994。
東福賢監修『社会人のパスポート』嵯峨野書院　1994。
『就職企業年鑑』関西学生指導研究会　2002。
内外教育研究会『就職対策講座適性検査編』時事通信社　1996。
早稲田教育出版編集部『就職大全』早稲田教育出版　2000。
箱田忠昭『成功するプレゼンテーション』日本経済新聞社　1996。
海保博之編著『説明と説得のためのプレゼンテーション』共立出版　1995。
村岡正雄『朝礼の話材303例』日本実業出版社　1997。
吉田和忠『ディベートを越えるディベートを提案する』明治図書　1997。
『日経会社情報』日本経済新聞社　2000春。
福田健『人を動かす会話術』ダイヤモンド社　1997。
可視化情報学会編『ビジュアルプレゼンテーション』朝倉書店　1998。
福永弘之『プレゼンテーション概論及び演習』樹村房　2000。
小林敬誌ほか『プレゼンテーション技法＋演習』実教出版　1997。
作山宗久『プレゼンテーションの技法』TBSブリタニカ　1998。
山口弘明『プレゼンテーションの進め方』日本経済新聞社　1986。
野口吉昭『プレゼンテーションのノウハウ・ドゥハウ』PHP研究所　2001。
竹島愼一郎『面接・自己PR―答え方の秘訣―』ぱる出版　2002。
石原勝吉『やさしいQC七つ道具』日本規格協会　1993。

[執筆者]

〈監修〉福永　弘之（ふくなが・ひろゆき）　兵庫県立大学名誉教授
〈編集〉大窪　久代（おおくぼ・ひさよ）　近畿大学教授
　　　　木村三千世（きむら・みちよ）　四天王寺大学准教授
　　　　黒田　廣美（くろだ・ひろみ）　四天王寺大学短期大学部教授
　　　　田中　雅子（たなか・まさこ）　羽衣国際大学准教授
　　　　中村芙美子（なかむら・ふみこ）　プール学院大学短期大学部名誉教授
　　　　西尾　宣明（にしお・のぶあき）　プール学院大学短期大学部教授
　　　　野坂　純子（のさか・すみこ）　大手前短期大学准教授
　　　　信時　哲郎（のぶとき・てつろう）　甲南女子大学教授
　　　　水原　道子（みずはら・みちこ）　大手前短期大学准教授
　　　　村田　恵子（むらた・けいこ）　安田女子大学講師

プレゼンテーション演習Ⅱ
オフィスライフとプレゼンテーション

平成14年10月1日　初版発行
平成22年2月24日　第2刷

著者Ⓒ　代表　大窪　久代
検印廃止　　発行者　大塚　栄一
　　　　　　発行所　株式会社 樹村房 JUSONBO

〒112-0002 東京都文京区小石川5丁目11番7号
電　話 (03) 3868-7321
Ｆ　Ａ　Ｘ (03) 6801-5202
http://www.jusonbo.co.jp/
振替口座 00190-3-93169

製版印刷・協同印刷／製本・愛千製本所

ISBN978-4-88367-069-7
乱丁・落丁本はお取り換えいたします。